신神의 재테크 GPL^{아파트 담보대출}로
매일매일 돈 벌어주는 남자

신神의 재테크
GPL 아파트 담보대출로
매일매일 돈 벌어주는 남자

이상준 지음

매일경제신문사

저자 이상준 박사의 박사학위 논문을 지도했다. 목표에 대한 집중력이 강하다. 이 박사와 함께하면 저절로 힘이 솟는다. 에너지가 넘치기 때문이다. 부동산 투자법과 관련된 저서를 많이 출간했는데, 연봉 10억 원의 성공신화에 안착하면서 31년 금융기관 직장생활을 조기 명예퇴직했다. 코로나19로 답답한 세상에 희망을 전하는 '해피 바이러스'가 되길 기대한다.

– 건국대학교 융합인재학과 교수, 건국대학교 대외부총장,
전 한국연구재단 학술진흥본부장 이상엽

이상준 교수는 노후를 책임지는 수익형 부동산 투자법으로 100세 시대를 고민하는 많은 사람들을 신흥 부자의 길로 인도해 슈퍼 리치로 탄생시키고, 수많은 제자를 양성해왔다. 끈기를 대적할 적은 없다. 저자가 들려주려는 메시지는 꿈, 비전, 희망이다. 미래를 예측하기 어려운 4차 산업 혁명 시대를 맞이하는 젊은이와 성인들, 직장인에게 이 책은 매우 유용한 안내서가 될 것이다.

– 단국대학교 경영대학원 주임 교수 김영국

감성이 풍부한 이상준 교수는 다양한 재테크(NPL 경매-부실채권, GPL-정상채권, 특수물건, 돈 되는 재개발·재건축)의 전도사다. 이상준 교수는 흙수저로 태어난 평범한 사람도 부자가 될 수 있다는 용기를 준다. 저자의 진심이 책 전체에서 전해진다. 직장생활을 하면서도 시간적, 경제적 자유인이 될 수 있는 성공 투자 이야기다. 이 책을 여러분에게 추천하고 싶다.

– 한국열린사이버대학교 학과장,
《1% 금리 시대, 수익형 부동산으로 승부하라》 저자 최현일

상준 형님을 만나고 새로운 가치를 창조하는 용기와 열정을 보며 '이런 고향 선배도 있구나!' 생각했다. 어려운 가정환경에서 새로운 것들을 하나하나 이루어내고, 또 다른 비전을 찾아 도약하는 모습에서 더 큰 성공자의 미래를 보았다. 100세 시대를 고민하는 직장인들에게 미래를 준비할 수 있게 해주는 이 책은 수많은 독자에게 꼭 필요한 봄비 같은 책이라는 확신이 든다. 하늘에서 비가 온다. 그 비가 하늘에서 내려주는 천복이라면 어떻게 이 복을 다 받을 수 있을까? 방법은 우주를 품 안에 담을 수 있는 그릇을 키우는 법이다. 상준 형님은 그런 넓은 마음을 가진 분이다. 이 책은 직장인들의 퇴직에 대한 불안을 해소할 수 있는 지침서가 될 것이다.

– 한국법률경제신문 발행인,
메리트 법무법인 변호사 김규동

누구나 부자가 될 수 있는 비밀 노트를 풀어주기는 쉽지 않다. 하지만 이상준 아카데미에서 제공하는 다양한 커리큘럼을 통해 누구나 쉽게 부자가 될 수 있는 방법을 이 책에서 제공해준다. 저자는 재테크에 관한 여러 권의 책을 출간하면서 많은 사람들이 재테크에 도전하도록 격려했다. 이 책은 지금까지 저자가 반평생 이상을 살아오면서 겪은 실전 투자법을 바탕으로, 다양한 사례를 담고 있다.

– 서울경제연합회 및 사색의 향기(173만 회원) 이사장,

신지식인이자 인맥의 왕 박희영

이상준 박사를 생각하면 '열정, 실천, 성과'라는 단어가 떠오른다. 오늘도 식지 않는 열정으로 영혼을 불어넣으며 또 다른 성과를 맺으려고 실천하는 모습이 눈앞에 선하다. 이 책을 통해 우리 모두가 꿈꾸는 행복한 미래가 오길 간절히 소망한다.

– 건국대학교 교수,

한국지방자치학회 학회장 소순창

저자는 평범한 샐러리맨으로 종잣돈 1,000만 원으로 경매를 시작해 5년 만에 10억 원을 벌더니 이제는 연봉 10억 원 샐러리맨 성공신화를 이루어 31년 직장생활을 조기에 명예퇴직하고 시간적, 경제적 자유인이 되어 삶의 여유를 즐기고 있다. 이 책은 갈수록 열악해지는 국내외 경제 환경 속에서 더욱 눈길을 사로잡는 이야기다. 저금리 시대, 경매와 부실채권(NPL)에 대한 투자 기회가 늘어나고 있다. 하지만 부실채권, 정상채권(GPL, 아파트 담보대출) 투자가 각광을 받으면서 이를 '한 철 장사'로 악용하는 사례도 늘고 있다. 수익을 낼 수 없는 부실채권을 무차별적으로 매입한 후 '높은 수익률'이나 '안전한 투자'라는 말로 지식이 부족한 투자자들을 현혹하는 사례가 바로 그것이다.

이 책은 샐러리맨의 직장 조기 탈출법과 일반인들이 GPL 및 NPL 경매, 그리고 수익형 연금형 부동산 투자로 성공할 수 있도록 확실한 지침서 역할을 해준다. 저자는 많은 투자 경험을 통해 얻은 다양한 지식을 실전에서 활용할 수 있도록 상세하게 알려준다. 경매를 처음 시작하고 NPL 및 GPL을 처음 공부하는 사람들뿐 아니라 단기간에 수익 내기를 원하는 NPL 경·공매 및 GPL 개미 투자자들에게도 등대 같은 역할을 할 것이다. 블로그, 페이스북, 밴드, SNS 등 다양한 수단으로 소통하며, 늘 대중에게 베풂과 나눔을 추구하는 저자의 따뜻함이 고스란히 느껴지는 책이다.

– 호서대학교 글로벌창업대학원 교수 강신기

100세 시대! 그 월급에 잠이 와?

지점장 이 상 준

　　필자는 금융기관에서 31년간 근무했고, 지점장으로 조기 명예퇴직했다. 연봉 10억 원 수입을 발생시키는 플랫폼과 실전 투자금 10억 원 이상 GPL 투자, 그리고 다양한 NPL 경·공매로 매월 빌딩주만큼의 수입을 발생시키고 있다. 이제 돈 걱정 없이 자신의 꿈과 희망을 찾아 안정된 노후를 꿈꾸는 독자분들께 이 책을 선물하고 싶다.

　　꿈도, 목표도 더 많이 노력하고 준비하는 사람에게 기회를 허락한다. 어둠이란 빛을 동반해야 아름다움이 표출되듯 현재의 어두운 그림자에 주눅 들지 말고 다시 한번 원대한 꿈과 목표를 설정하며 필자처럼 도전해 원하는 바를 이루시길 기원한다. 할 일 없이 빈둥거리는 것은 아무 곳에 낙서하는 것과 같다.

　　우리나라 중년층은 노후 준비와 자녀 양육, 그리고 부모 봉양에 쉽지 않다. 수많은 중년 샐러리맨이 퇴직 이후를 고민하지만 뚜렷한 해결 방법이 없다. 열심히 직장생활을 하다 보면 '어떻게 해결 방법이 있겠지' 하고 막연히 생각하며 결국 준비 없이 퇴직하는 사람들이 많다. 필자처럼 정년을 3~4년 앞두고도 미리 조기 명예퇴직하는 사람은 많지 않다. 은퇴 이후 누구나 행복하고 여유로운 노년을 맞이하고 싶지만, 장수사회에 들어오면서 치매와 각종 성인병과 임플란트에 지출되는 돈도 상당해 현실은 생각만큼 그다지 녹록지 않다.

누구나 100세 시대를 준비하고 있지만, '내가 과연 100세까지 살 수 있을까?' 하고 걱정만 하다가 70~80세를 맞이하기도 한다. 자녀 학자금 때문에 당장 은퇴할 수는 없는 직장인도 있지만, 임금 피크제로 1년 더 다닌다고 해도 그만큼 해마다 연봉만큼 줄어들게 되고, 목돈을 만질 기회도 적어진다.

당장 퇴직을 하더라도 고정지출에 들어가는 돈도 상당하고, 국민연금을 수령하는 시점도 상당히 남아 있어 고정지출 생계비를 위해서도 어떻게든 새로운 일을 찾아야 한다. 필자도 31년간 직장 생활을 했지만 샐러리맨으로 모아둔 돈으로 여생을 즐길 만큼 준비되어 있지는 않았다. 그래서 10년 전부터 꾸준히 노후를 위해 준비했다.

30년 넘게 직장 생활하고, 대기업 임원으로 퇴직한 친구는 퇴직 후 2개월 정도 집에 있는데 어느 날 밖에 나간 와이프에게 전화를 받았다. "당신, 언제까지 집에만 있을 거야? 나 숨 막힌다"라는 이야기를 들은 친구는 할 말을 잃었다고 한다. 삼식이가 되어 집에서 부인과 아이들의 눈치를 보는 자신의 모습을 발견한 것이다.

일본은 초고령사회가 된 지 오래다. 65세 이상의 노인 절반은 겨우 생계를 유지하는 '노후 파산' 상태라고 한다. 우리나라가

조만간 일본을 앞서는 초고령사회, 즉 65세 인구가 20% 이상이 된다는 통계청 발표는 일본보다 노후 준비가 미흡한 우리나라 중장년층에게도 빨간불이 켜졌음을 의미한다.

은퇴 이후 각종 개인연금, 국민연금, 소액 투자로 월세 받는 건물주가 되든지, 주식 투자의 고수라면 주식, 펀드, 비트코인 가상화폐, 실물자산 투자(금, 은, 그림, 도자기 등)를 했으면 좋겠다. 그리고 은행 금리보다 10배 이상 고수익 가능한 GPL(아파트 담보대출) 투자 등 수익률이 다소 높은 금융상품으로 비과세와 세금 우대를 활용해 절세하는 방법을 찾아 은퇴 이후에도 'GPL로 365일 월급 받는 방법'을 활용했으면 한다.

은퇴 보장설계는 국가 주도의 국민연금, 기업 주도의 퇴직연금, 그리고 개인연금을 통해 노후를 보장받게 되며, 기존 3층 보장제도에 4층 보장제도인 주택연금과 재취업·창업의 5층 보장제도를 통해 좀 더 풍요로운 노후를 준비하는 것이다. 공무원연금이나 공적연금 수령 기간 동안 500만 원의 생활비가 필요한 은퇴 부부가 3층 보장제도로 300만 원을 준비했다면, 역모기지론 주택연금 또는 재취업·창업으로 스트레스 없이 부족한 200만 원을 스스로 대비해야 할 것이다. 이 부족 자금은 GPL(아파트 담보대출)로 손쉽게 확보할 수 있다.

'현재 당신의 모습은 당신의 과거 생각의 결과이며, 미래의 당신 모습은 당신의 현재 생각의 결과일 것이다.'

영국의 작가 제임스 앨런(James Allen)의 말을 되새기며, 필자가 전달해주는 메시지로 모두가 행복한 은퇴를 준비해 100세 시대가 재앙이 아닌, 축복이 되길 바란다. 꽃잎이 떨어져 바람인가 했더니, 세월이었다. 금쪽같은 인생, 금세 지나간다. 모든 목표는 새로운 길의 시작이 된다. 삶은 매일 24시간짜리 수표를 준다. 그것을 어떻게 사용하는지는 우리들의 몫이다.

필자는 직장을 다니면서 10년 전 퇴직을 미리 준비했다. 그 결과 7년 만에 노후가 완전히 준비되어 과감히 용퇴를 선택할 수 있었다. 그 일면에는 수많은 수강생이 검증하고 말해주듯 GPL(아파트 담보대출) 투자가 주 수입의 60% 이상이다.

어떤 지인이 이상준 아카데미 개원식의 원장 인사말과 참석자 동영상을 보고, "인생 잘 살아오신 것 같아요. 이렇게 많은 분들께 축하 화환과 난으로 축하를 받으시고"라고 말했다. 필자의 인생 모토는 "The Sooner, the better(빠를수록 좋다)"다. 이 모토를 스스로 되새기며, 31년간 긴 시간을 쉼 없이 달려왔다. 정말 열심히 살았다. 일생일사(一生一死), 죽도록 최선을 다하라는 것이 아니라, 죽으면 10원도 가져가지 못하고 다음 생은 없으니 스스로 더 보살피고, 아껴주며, 행복하자. 돈보다 중요한 건강과 가치를 먼저 생각하는 사람이 되길 바라며, 샐러리맨이 투잡으로 NPL 경·공매와 GPL 투자 등으로 성공한 이야기를 시작해볼까 한다.

이상준(해피 Banker)

차 례

Chapter 01 저금리 시대, 새롭게 급부상하는 똑똑한 GPL 재테크

Chapter 02 소액으로 투잡하는 GPL 투자법

저금리 시대, 새롭게 급부상하는
똑똑한 GPL 재테크

더 이상 재테크 투자처를 찾으러 이곳저곳 기웃거리거나 방황하면서 고민할 필요가 없다. 누구나 돈 걱정 없는 삶을 원한다. 하지만 경쟁률 높은 부동산 경매와 경매보다 한발 앞선 NPL의 현실은 녹록지 않다. 돈 될 만한 NPL 채권은 발 빠른 AMC(자산관리회사)가 수의계약으로 가져가고, 은행 연체 이자와 질권 대출 이자를 제하면 실제 수익은 12% 미만이다. 이런 상황에서 모두가 경제적으로 자유로워지는 터닝 포인트가 되는 것이 GPL 투자다. 재테크에 관심 있는 사람이라면 누구든 꼭 한 번은 알아둬야 할 내용이다.

NPL(Non-Performing Loan, 부실채권)은 금융기관 근저당권을 채권으로 매입 후 해당 부동산이 경매 낙찰되고, 낙찰자가 잔금을 납입하면 배당기일에 법원으로부터 낙찰대금에서 배당금으로 받아 수익을 올리는 기초 자산을 활용한 경매 파생상품이다.

GPL(Good-Performing Loan, 정상채권)은 금융기관의 2순위 근저당권 채권으로 매입 후 고율의 이자(연 14% 이상)를 받다가 1순위 대위변제로 수익을 얻거나 처음부터 2순위 후순위 대출에 투자하면서 연 20~24%까지 수익을 얻는 방법이다.

01 신의 재테크 GPL, 도대체 넌 누구냐?

    NPL은 금융기관에 담보로 잡힌 부동산 근저당권 설정계약서 채권최고액을 NPL 법인이 매입 후 배당받아 수익을 내는 방법이다. 채무자가 대출 이자 납입 지연으로 연체가 지속되면 담보로 설정된 근저당권 설정계약서(채권최고액)를 근저당권자인 금융기관이 경매 신청 후 일정한 자격요건을 갖춘 NPL 법인 AMC에게 매각한다. NPL 채권으로 매입한 AMC는 해당 부동산이 매각(낙찰)되고 낙찰자가 경락잔금을 법원에 납입하면 근저당권 설정계약서를 법원에 제출하고 금융기관에서 받아가야 할 배당금 NPL 채권을 배당받아 투자해서 수익을 얻는 방법이다.

    NPL은 경매개시결정이 되고 배당요구종기일 이후 금융기관에 매수의향서를 제출한 뒤 근저당권을 매입해서 배당수익, 또는 시세차익을 얻는 만큼 경매 투자와 밀접한 관계가 있다. 그렇기 때문에 성공적인 부실채권 투자를 위해서는 배당표 작성하는 법과 민법 기초 및 등기업무를 배우고 공법을 학습해야 한다. 또한 매입한 채권(근저당권 설정-채권최고액 범위 내)이 경매 절차에서 선순위 최우선변제금과 당해세 등을 제하면 얼마를 배당받는지 분석할 수 있어야 한다.

이에 반해 GPL 투자는 아파트만 위주로 담보 취득하기 때문에 뚜렷한 권리분석이나 임장활동을 하지 않아도 된다. KB 국민 시세와 국세청 실거래가 조회로 시세파악이 되고, 동종 지역 물건의 아파트 매각가율로 권리분석이 되기 때문이다. GPL 후순위 담보대출 전에 국세, 지방세 완납증명서, 전입세대열람확인서, 지방세 세목별과세증명원, 신용정보활용동의서, 대위변제신청서, 대위변제동의서 등 필요 서류를 받고, 선순위 임차인과 당해세 체납이 없다는 사실을 확인 후 대출이 이뤄지기 때문에 고수익은 물론 안전하다고 할 수 있다.

이러한 GPL은 상환기일과 '기한의 이익 상실'이 되지 않은 이자 납입이 잘되고 있는 정상채권이다. 2순위 근저당채권 매입 후 1순위가 연체가 돼 '피담보채권 확정'되면 1순위 연체 이자를 얻기 위해 1순위 대위변제를 목적으로 한 채권 매입이다.

2순위 근저당권 유동화 순환 대출 사례를 예로 들면 다음과 같다. 유동화는 기초 자산을 담보로 증권을 발행해서 또 다른 자금을 확보하는 방법이다.

경기도 양주시 B 아파트
76㎡(28평), 토지 35㎡(11평)

현재시세 : 176,000,000원(국세청 실거래가)
감정가액 : 153,000,000원

119,500,000원(1, 2순위 설정)/153,000,000원(감정가액)=78.10%(LTV 담보인정비율)

낙찰예상가로 얼마를 배당받을지 추정해보면 쉽게 안정성을 확인할 수 있다.

낙찰예상 153,000,000원×87.78%=134,303,400원-52,000,000원(1순위 설정)-67,500,000원(2순위 설정)=14,803,400원
설정 금액 52,000,000원(1순위 우리은행 잔액 40,000,000원)
연체 이자 14.5%/최고 17%
설정 금액 67,500,000원(2순위 ○○대부잔액 45,000,000원)
연체 이자 24.0%/최고 34.7%

2순위 대출 대위변제 GPL 인수금 45,000,000원은 대위변제 후 근저당권 질권을 잡고 대출해줬다. 이렇게 되면 실제 투자되는 금액은 4,500,000원 (45,000,000원-40,500,000원)이다. 등기이전비 채권최고액의 0.6~1%분이 므로 샐러리맨의 종잣돈 소액 투자가 가능하다.

GPL 대출 45,000,000원×90%=40,500,000원, 연 6.5%=2,632,500원
(1년 대출 이자)

[2순위 근저당권 채권 매입 수익 분석]

1) **2순위 대위변제** 45,000,000원×24.0%=10,800,000원(월 900,000원)-정상 이자

   2순위 대위변제 45,000,000원×34.7%=15,615,000원(월1,301,250원)-연체 이자

   GPL 매입금액 45,000,000원+405,000원(이전비)+2,632,500원(질권 이자)=48,037,500원(총 투자금)

   총 투자금 48,037,500원-40,500,000원(GPL 대출)=7,537,500원(현금 투자)

   수익금액 7,762,500원=10,800,000원(연 수입)-2,632,500원(GPL 연 이자)-405,000원(이전비 : 채권최고액 0.6%)

   수익률 분석 7,762,500원/7,537,500원=102.98% → ①

[만약 1순위 채권이 연체되면 임의(법정)대위변제 수익 분석]

2) **1순위 대위변제** 40,000,000원×14.5%= 5,800,000원(월 483,333원 : 정상 이자)

   1순위 대위변제 40,000,000원×17.0%= 6,800,000원(월 566,666원 : 연체 이자)

   대위변제 40,000,000원+2,383,561원+312,000원(이전비)+2,470,000원(질권 이자)=45,165,561원(총 투자금)

   총 투자금 45,165,561원-38,000,000원(대위변제 대출)=7,165,561원(현금 투자)

   수익금액 4,018,000원=6,800,000원(수입 연 이자)-2,470,000원(질권 이자)-

312,000원(이전비)

수익률 분석 4,018,000원/10,037,500원=40.02%(월 334,833원) → ②

1년 정기예금으로 은행에 맡기면 정기예금이자(16,729원-세전)

전체수익률 ①+②=총 수입 11,780,500원, 현금 투자 17,575,000원,
수익률분석 11,780,500원/17,575,000원=67.02%

즉, 2순위 근저당권 채권 매입 후 연체로 기한의 이익 상실되고 피담보채권
이 확정됐을 때 임의(법정)대위변제로 1순위 대환 시 현금 투자 17,575,000
원 투자로 11,780,500원 고수익을 얻을 수 있는 GPL 투자 사례다.

[투자 방법]

오직 아파트 담보에 대해서 GPL(정상채권) 론세일 매입 및 확정된 시점에 법
정대위변제로 고수익 아파트 담보비율 1순위 근저당권 설정 담보비율 85%
범위 내 또는 2순위 근저당권 설정 선순위 설정(잔액)금액 포함, KB 국민 시
세 85% 범위 내 아파트 담보대출이다.

다른 GPL 투자 방법으로는 처음부터 2순위 대출에 후순위 담보대출로 자금
을 투자하고, 연 20~24% 법정이자를 받는 것이다. 해당 부동산의 1순위, 또
는 2순위 대출금이 연체되면, 1순위 임의(법정)대위변제와 2순위 근저당권
으로 경매 신청 후 못 받았던 연체 이자를 연 24%로 받으면 된다.

인천광역시 서구 K 아파트 512동 16**호
아파트 84.997㎡, 1,015세대

일반가 277,500,000원
상한가 283,500,000원
실거래 261,000,000원
낙찰가 253,879,000원 – 2015년 7월 6일(3년 전 낙찰가)
현시세 283,500,000원

대출금 1순위 200,000,000원(채권최고액 234,000,000원)
2순위 투자금 18,000,000원
총 대출 금액 218,000,000원/277,500,000원
　　　　=78%(담보비율 일반가격 적용 시)
총 대출 금액 218,000,000원/261,000,000원
　　　　=83%(담보비율 실거래가 적용 시)

투자 금액 18,000,000원×24%=4,320,000원
수수료 18,000,000원×4%=720,000원
순이익금 3,600,000원=4,320,000원-720,000원
수익률 3,600,000원/18,000,000원=20%

물건현황

소재지	인천광역시 서구 K 아파트 512동 16**호					
면적	m²	평	평형	세대수	입주년월	종류
건물	84.997	25.7	33평형	1,015	2005.05	아파트
대지	42.8958	13.0				

시세현황

KB 시세

(단위 : 만 원)

범례: - - - 상위 평균가　—— 일반 평균가　······ 하위 평균가

기준월	매매가			전세가		
	하위 평균가	일반 평균가	상위 평균가	하위 평균가	일반 평균가	상위 평균가
2018.03	26,900	27,750	28,350	21,500	22,500	23,250

국토부 실거래 (면적 : 동평형)

거래종류						
매매	2018.01	(층)	2018.01	(층)	2018.02	(층)
	26,500	17	28,000	19	26,100	4
전세	2018.03	(층)	2018.03	(층)	2018.03	(층)
	18,000	20	20,000	17	20,000	10

낙찰사례

매각기일	2015.07.06	2014.09.15
낙찰가	253,879,000	207,899,000
동호수	514동 1201호	507동 304호
응찰수(명)	7명	12명

투자 기간	1년
투자 금액	18,000,000
투자 금리	연 21%

※ 2015년 7월 대비 매매시세 약 2,000만 원 상승함.

대출현황

(단위 : 원)

감정가	선순위 대출잔액	채권최고액	기준 LTV	유효 담보가	당사 대출금액	당사 LTV
265,000,000	200,000,000	234,000,000	84%	22,600,000	18,000,000	82.3%
	신한170/인카30	신한204/인카30		※ 선순위 실대출 원금으로 적용함.		

기타의견

1. 인천 지하철 2호선 D역 북동측 약 300m 위치함.
2. 주변 대규모 아파트 단지 근생 등 혼재함.
3. 현 매매시세 감안 채권회수 무리 없을 것으로 판단됨.

부동산 임의경매가 퇴직자 및 일반인들의 투자처로 알려지면서 아파트 낙찰가가 감정가 95%를 넘기는 등 부동산 경매로 수익을 내기가 예전만큼 쉽지 않게 됐다.

반면에 GPL 투자는 매각가율 높은 아파트 후순위 대출에 투자해서 수익성, 환금성, 안정성을 확보할 수 있는 투자처라고 보면 이해가 쉬울 듯하다. 그동안 활황으로 재테크 투자처로 재미를 봤던 NPL 법인은 새로운 돌파구를 찾아야 한다.

정부는 취약, 연체차주 지원 방안으로 합리적인 연체 금리 산정체계를 마련하며, 연체 가산 금리 최고 3%p 인하로 제한할 계획을 예고했다. 여신 금리 운용과 관련해서 다음 주요 사항을 안내하는 공문이 내가 소속된 금융기관에도 시달됐다.

대출기간 중 가산 금리 임의 변경 불가

변동 금리 적용대출의 경우, 대출 취급 후 연동주기에 따른 기준 금리요소(가산 금리 포함) 변경은 원칙적으로 불가하며, 변경을 하더라도 반드시 고객과 약정 하에(서식 제196조 금리변경용 추가약정서 작성) 이뤄져야 함(상호금융 여신 업무방법(예) 제1편 280조-10호).

연체 가산 금리 전업권 최고 3%로 제한

정부는 전업권 연체금리 체계 모범 규준 및 합리적인 연체 금리 체계 마련(2018년 중)을 예고하며, 해외사례 및 금융 회사 비용 등을 감안해서 연체 가산 금리를 3%로 인하할 계획을 발표했다(현재 6~10% → 변경 3%, 2018.4.30 시행).

[금융 당국 취약 연체차주 지원을 위한 간담회 개최(2018.01.18) 관련 배포자료]
※ 적용범위 및 시행일 등 세부사항은 미정으로 관련사항 추후 보완.

이렇게 되면 NPL 투자 고수익에 대한 매력이 떨어진다. 대위변제도 마찬가지다. 즉, 현재 은행 이자가 연 4%라면 가산 금리를 연 3%만 받게 되므로 실제 수입 이자는 연 7% 이자만 받게 된다. 현재 질권 대출 이자는 연 7.5~8.5%이며 근저당권 이전 비용과 채권 매입에 따른 기타 비용을 감안하면 역마진이므로, NPL 투자로 그동안 이익을 냈던 투자자들은 이익을 못 보게 된다.

이렇게 된다면 새로운 틈새 시장을 찾아야 한다. 금융기관은 연체 대출금을 털어내기 위해 그동안 받았던 원금과 이자 비용에서 원금만 받고, 이자는 NPL 법인에 내주는 형태로 바뀌게 될 것이다. 수익이 나지 않는데 NPL 법인이 채권을 매입하지 않기 때문이다.

연체 가산금리 3%의 NPL 고수익 비밀노트

1	합법적인 연체 이자 투자법
2	MRP(매각 최저 예상가) 산정 투자법
3	GPL 투자법 신대위변제 투자법
4	채권평가 보고서 작성 재매각 투자법
5	미납 월세 공제 배당배제 투자법
6	특수물건(유치권, 법정지상권) 투자법
7	자산 가치 상승 투자법
8	위장 임차인 배당 배제 투자법
9	신탁/공매 투자법
10	채권최고액 신고법(청구액 신청)

신神의 재테크 GPL아파트 담보대출로 매일매일 돈 벌어주는 남자

연체 가산 금리 전업권 최고 3% 제한에 대한 NPL 틈새 시장을 제안하면 다음과 같다. 첫째, 개인 투자자도 가능한 신탁수익권증서 담보대출 수의계약매입으로 시세차익을 얻자. 근저당권 담보대출이 아닌 신탁수익권증서 담보대출에 대해서 수의계약으로 매입 후 잔금을 치르고 재매각 차익을 얻는 방법이다. 이 방법은 법인이 아니라도 수의계약 매매계약서로 투자가 가능하다.

둘째, 토지 할인가(15%)를 활용하자. MRP(매각최저예상가)로 토지 매입 후 재매각 또는 건축주와 협력으로 개발 호재와 공실률이 적은 임대 수익을 얻을 목적으로 토지를 매입, 분양해서 수익을 얻는 방법이다. 예를 들어 매각가율 60.01%, 현시세 6억 5,000만 원, 감정가 6억 원인 경기도 화성 답이 있다면 MRP공식=감정가×매각가율/1.15%다. 즉, 감정가 6억 원 토지는 15% 할인 받아 매입한다면 600,000,000원×60.01%/1.15=313,095,652원(MRP)이다. 감정가 6억 원 토지를 313,095,652원에 매입 후 그동안 쌓은 이자를 얻거나 재매각하면서 시세차익을 얻는 방법이다.

셋째, 단독주택 또는 토지 매입으로 재건축 분양 수익을 얻자. 대출 원금으로 단독주택이나 토지를 매입한 뒤 신축해서 재분양 하는 건축주에게 수수료와 컨설팅비를 받고 넘긴다. 이때 건축주도 부동산 시세의 30~40%로 저렴하게 매입할 수 있고 신축분양으로 또 다른 수익을 얻으므로 일거양득이다.

넷째, 특수물건을 저렴하게 매입 후 시세차익을 얻자. 28년간 직장에서 금융업무와 대출을 취급하면서 '진성유치권'은 1건 성립되는 것을 봤다. 그리고 대지지분 없는 공동주택의 구분소유자는 대지권을 취득하게 되고, '법정지상권 성립 여부'의 부동산을 시세 40~50%에 매입 후 유치권 배제 신청 등으로 수익을 얻을 수 있다.

다섯째, 수익형 부동산을 대출 원금으로 매입 후 직영방법 등 다양한 틈새 시장을 공략하자. 나는 고시원과 원룸텔 및 근린상가 대출은 원금에 NPL로 매각했다. 이런 물건을 유입해서 직영하는 방법을 찾아 임대 수익이 가능한 방법은 너무도 많다. 수익형 부동산은 부동산 경매 진행 시 감정가 이상으로 매각되는 경우를 많이 본다.

여섯째, NPL 채권을 원금에 매입한 후 그동안 쌓였던 연체 이자 배당수익을 얻자. 감정가 726,000,000원 나대지를 담보비율 60%로 대출 435,000,000원(522,000,000원-채권최고액)이 지원됐다. NPL 매각물건으로 원금 435,000,000원, 대출금 이자 13,562,231원으로 이 물건을 401,000,000원에 NPL 채권 매입해서 421,000,000원에 매각이 됐다. 금융기관에서 연체 대출금을 털어낼 이유로 포기한 13,562,231원은 채권 매입자 수입이다. 가산금 인하와는 아무런 상관이 없는 수익이다.

일곱째, 대출 고금리 저축은행 채권 매입으로 (연체)이자를 배당받자. 저축은행 대출금리는 연 7.5~8.5%다. 이 채권을 매입후 3% 연체 가산 금리를 받아도 연 10.5~11.5%는 받을 수 있다.

여덟째, GPL(정상채권), 후순위 담보대출 2순위 근저당 매입또는 2순위 투자로 고수익을 얻자. 초보자들도 쉽게 따라 배울수 있는 NPL 투자와 GPL 투자 그리고 토지를 저렴하게 매입해서 건축주에게 일정한 시세차익을 내는 투자법 등 다양한 커리큘럼이 구성돼 있으니 관심이 있는 많은 분들의 참여를 기대한다.

아홉째, 신탁수익권증서 담보대출 수의계약으로 투자하자. 근저당권 설정서 담보가 아닌 신탁(생보, 아시아, 국제, 무궁화)수익권증서 담보대출이 연체가 되면 신탁사(생보, 아시아, 무궁화, 국제자산)에 공매의뢰하게 되는데 급매시세보다 3,000만 원 정도저렴하게 구매해서 재매각 차익을 낸다.

열째, GPL 후순위 담보대출 투자 또는 2순위 아파트 대출 채권 매입 후 투자 수익을 얻는다. 매각가율 높은 아파트 담보 선순위 대출 후 2순위 대출 한도 85% 대출이므로 원금 손실 없이고수익을 낼 수 있다.

서울 소재 아파트 시세 10억 원 아파트, 1순위 국민은행 대출 4억 원, 추가
대출 4억 5,000만 원(85%)

연 24% 이자, 108,000,000원-18,000,000원
=90,000,000원/450,000,000원=20%(월 750만 원)

아파트 KB 일반거래가 10억 원 아파트는 대출 한도 투기지역
LTV(담보인정비율) 4억 원(40%), 설정(잔액) 금액은 4억 8,000만
원이다. 담보인정비율 8억 5,000만 원(85%) 범위 내 대출 4억
7,000만 원(850,000,000원-480,000,000원)이다.

2순위 대출금리는 2018년 2월 8일 이전에는 연 24%, 연체 이
자 연 27.9%였고, 2018년 2월 8일 이후에는 연 20%, 연체 이자
연 24%로 대출 지원되며 대출자(아파트 담보제공자)와 투자자
형태 연결 구조다.

오직 안정적인 서울, 경기 등 수도권의 매각가율 92~99% 넘
는 아파트 담보만 근저당권 설정하고, 채무자가 이자 납입하지
않을 때 '기한의 이익 상실'시켜 부동산 임의경매 신청되며, 피
담보채권이 확정된 시점에 선순위 임의(법정)대위변제를 진행
해서 더 많은 이익을 얻게 된다. 만약 대출자가 중도상환할 경

우 중도상환 수수료 3%(연 21~24%)도 투자자가 받아간다. 이미 아카데미 5기 회원분과 VIP 실전반에서는 3,000만 원에서 3억 원, 10억 원, 16억 원, 40억 원 이상을 투자해서 아파트 근저당권 자로 고율의 고수익 이자수익을 얻고 있으며, 이분들이 실전반 에서 얼마나 안정적이고 최상의 재테크인지 설명해주고 있다.

조정대상지역
성남, 하남, 고양, 광명, 남양주, 동탄 2,
부산(해운대, 연제, 동래, 수영, 남, 기장, 부산진)

투기과열지구
서울(구로, 금천, 동작, 관악, 은평, 서대문, 종로, 중, 성북,
강북, 도봉, 중랑, 동대문, 광진), 과천시, 분당, 대구 수성구

투기지역
서울(강남, 서초, 송파, 강동, 용산, 성동,
노원, 마포, 양천, 영등포, 강서), 세종시

NPL이란 무기에 GPL이란 비밀병기를 새롭게 장착 후 저금 리 시대 재테크 전쟁에 뛰어든다면, 평정하지 못할 재테크 시 장은 없다.

2021년 7월 7일 이후 연 20%(법정최고이자율), 2022년 법정최 고이자율 연 15% 인하로 더불어민주당 국회의원 31명이 국회 상 정 중이다.

유형	대부사업자	개인 투자자
대상지역	서울, 경기, 인천 아파트 대상 500세대 이상 아파트(지역 선별)	
담보평가	KB시세 참조, 실거래가 반영	
LTV 기준	원금기준 85% 이내	
대출금리	연 24%/연체 연 27.9% (2018년 2월 8일 이전)	연 20%(법정최고이자) (2018년 2월 8일 이후)
이자소득세	없음.	27.5%
근저당권 설정	직접 대부사업자로 근저당권 설정	없음.
질권 설정	없음.	개인 이름 질권 설정
관리방법	자체 관리	당사 관리(간접 투자)
기한이익 상실 시	자체 관리	당사 관리(간접 투자)
중개수수료	4%	3개월 이내 상환 시 2% 반환

　도대체 GPL이 무엇이라고 고마워하시는 분들이 정말 많다. 지방에 사는 샐러리맨 Y씨(38세)는 나의 VIP 실전반 강의를 듣고 2,500만 원 투자 후 매월 500,000원을 받을 수 있다며 행복하다고 안부 전화를 한다. 어떤 분들은 감사 표시로 선물을 주시기도 하며, 점심을 사주시겠다고 하는 분도 있다.

　나뿐 아니라 많은 GPL 투자자들이 행복한 비명을 지르는 이유는 무엇일까? 수익률이 좋아서이기도 하겠지만, 이런 안전한 새로운 재테크 툴(Tool)을 찾아서가 아닐까 싶다. 더 많은 분들이 GPL로 안정적인 수익을 얻어 편안한 노후를 맞이했으면 좋겠다.

02 부^富의 추월차선, 평생 돈 걱정 없이 사는 GPL 투자

저금리 시대 투자자를 위한 똑똑한 투자법이 있다. 샐러리맨 C씨(49세)는 55세 정년을 앞두고 새로운 재테크 투자처에 관심이 많다. 그러다가 최근 직장 신입직원으로부터 P2P 투자 얘기를 들었다.

P2P 투자는 아파트 투자 수익률 연 8~12%, 근린상가 투자 수익률 최고 15%까지 수익을 얻을 수 있는데 가상계좌에 입금 시 플랫폼 수수료 2%를 지불해야 한다. 예금자 보호에 해당되지 않고 원금 손실이 발생해도 투자자가 책임져야 한다는 단점이 있어 잘못하면 원금 손실이 있을 경우 이를 감수해야 한다. 또한 국회 입법 후 정부가 P2P 투자 가이드라인을 통해 투자자를 보호하고 우량 업체 선별 기준을 마련했지만 선뜻 투자를 시작해보기란 쉽지가 않은 결정이다. 투자자 입장에서 가이드라인의 핵심은 투자금 제한이다. 일반 개인 투자자는 P2P 업체당 연

P2P 대출 가이드라인에 따른 투자 한도

구분	자격요건	연 투자 한도	증빙서류
일반 개인 투자자	없음.	연간 누적 투자금 1,000만 원(동일 차입자 500만 원).	없음.
소득 적격 개인 투자자	사업·근로소득 1억 원 이상 또는 이자·배당소득 2,000만 원 이상.	연간 누적 투자금 4,000만 원(동일 차입자 2,000만 원).	종합소득 과세표준 확정 신고서 또는 종합소득세 신고서 접수증, 근로소득 원천징수 영수증.
개인 전문 투자자	금융투자업자 계좌 개설 1년 경과, 금융투자 상품 잔고 5억 원 이상, 소득액 1억 원 또는 재산가액 10억 원 이상.	제한 없음.	금융투자협회 전문 투자자 확인증.
법인	없음.	제한 없음.	사업자등록증 사본 또는 법인등록증 법인통장 사본.

출처: 한국 P2P 금융협회

간 1,000만 원에서 2,000만 원까지 투자할 수 있다. 하나의 상품 (동일 차입자)에는 1,000만 원(2,000만 원)까지만 투자할 수 있다.

개인 투자자는 소득이 높으면 투자 한도가 올라갈 수 있다. 이자·배당소득이 연간 2,000만 원을 넘거나 사업·근로소득이 1억 원을 초과한다면 업체당 4,000만 원(동일 차입자 2,000만 원)까지 투자할 수 있다. 이를 입증하려면 P2P 업체에 증빙 서류를 제출해야 한다. 종합소득 과세표준 확정신고서나 종합소득세 신고서 접수증, 근로소득 원천징수 영수증 등을 내야 한다.

법인이나 개인 전문 투자자는 투자 금액 한도가 없다. 개인 전문 투자자는 P2P 투자 계좌 개설 1년이 지났고, 금융투자상품

잔액이 5억 원 이상이며, 소득액이 1억 원 또는 재산가액이 10억 원 이상으로 금융투자협회로부터 발급받은 전문 투자자 확인증을 제출해야 한다.

업체는 투자자 보호에 대한 P2P 가이드라인 의무도 담겨 있어 투자 예치금을 업체의 자산과 분리해 은행이나 또 다른 공신력 있는 금융기관에 별도로 예치 또는 신탁해야 한다. 정보공시를 투명하고 정확하게 해서 업체가 파산하는 등 최악의 경우에도 고객의 투자금을 지키기 위한 조치다. 가이드라인을 준수하지 않을 경우엔 시정명령 등 감독상 조치를 취하게 된다.

현재 P2P 영업을 위해서는 연계 대부업체를 세워야 하는데 대부업체에 대한 감독 권한은 금융위원회에 있다. 정부의 강력한 투자자 보호 안전장치로 투자 리스크는 줄었을지 모르지만, 신설 업체 선택에 따른 불안은 여전하다. 전문업체인 크라우드 연구소에서는 "2,000만 원 이상 고액을 투자하고 싶어 기존에 자신이 이용하던 업체 외에 새로운 업체를 찾으려다가 잘못된 선택을 할 위험이 있으니 주의해야 한다"라고 말한다. P2P 투자를 위한 체크리스트 4가지는 다음과 같다.

첫째, 투자금 분리보관 시스템 등 가이드라인 준수 여부다. '고객 예치금 분리 보관 시스템'을 도입했는지 반드시 확인해야 한다. 이 시스템을 도입하지 않은 업체에 투자할 경우 업체가 파산하거나 해산하면 예치금을 받지 못할 수 있다.

P2P 대출에 투자자 또는 차입자로서 참여하는 행위 등은 금감원에서 제시한 가이드라인 제한이 있고, 투자자로 참여할 경우 다른 투자자와 이해 상충 발생 소지가 있으며, 차입자로 참여할 경우 토지 등 투자 시 부실대출 가능성이 커질 우려가 있다. 또한 '원금보호', '확정수익' 등 투자자를 현혹할 수 있는 문구를 사용하면 안 된다. P2P 대출상품은 원금을 보장하지 않고 손실도 감수해야 하기 때문이다. 그 밖에 가이드라인에는 명시되지 않았지만 유사 P2P 업체를 판별하기 위해서는 홈페이지 하단을 확인해야 한다. 홈페이지 하단에는 플랫폼 사업자로서 통신판매신고번호와 대부업 사업자로서 대부등록번호가 표기돼 있다. 정상적인 P2P 업체라면 두 가지 번호가 모두 표시돼 있어야 한다.

둘째, 연체율·부실률 등 회사별 트랙레코드를 체크해야 한다. 가이드라인에 따르면 정보공시는 필수 항목이다. 대출 구조, 누적 대출 금액, 대출잔액, 연체율·부실률 등을 홈페이지에 게재해야 한다.

P2P 금융협회에 따르면 올해 5월 말 기준 연체율 상위 5개사는 빌리(14.9%), 이디움펀딩(3.6%), 팝펀딩(3.3%), 펀다(1.6%), 렌딩사이언스(0.9%) 등이다. 부실률 상위 5개사는 빌리(1.8%), 8퍼센트(1.4%), 렌딧(1.3%), 펀다(1.1%), 어니스트펀드(1%) 등이다.

P2P 업계 전반의 연체율·부실률 등을 확인하고 싶다면 한국

P2P금융협회 홈페이지(http://P2Plending.or.kr)의 공시자료를 확인하면 된다. 실제 투자를 할 때는 업체별 홈페이지에 들어가서 상세 자료를 확인하면 된다.

셋째, 부실 준비금 적립 등 투자자 보호 장치를 확인한다. P2P 대출은 원금 보장이 안 되지만 업체별로 불안해하는 투자자를 위해 펀드 조성이나 보험 가입 등으로 리스크를 줄이는 안전장치를 마련하고 있다.

자영업자 전문 P2P 금융업체 펀다는 최근 '세이프플랜'을 도입했다. 대출금의 7%를 적립해 운용하고 부도가 나는 채권이 있을 경우엔 세이프플랜 펀드 자금을 통해 보호해준다. 50개 상품으로 이뤄진 각 그룹마다 부실률 7%까지는 원금이 보호된다.

넷째, 신용도·담보가치 등 투자 상품 정보를 살펴봐야 한다. 투자 상품 정보는 투자 전에 꼼꼼하게 확인해야 한다. 원금 손실이나 회수 가능성을 예측할 수 있는 판단 근거이기 때문이다. 최근 투자가 몰리면서 상품 모집이 1분 안에 끝나는 경우가 많아 투자자들이 급한 마음에 일단 투자하고 보는 경우도 많다. 일단 투자하면 돈이 묶이기 때문에 투자에는 신중해야 한다.

가이드라인에 따르면 P2P 업체는 사업내용, 신용도, 상환계획, 담보가치, 추심절차 등 대출자신청에 대한 사항을 공시해야 한다. 이외에도 각종 공시정보가 '투자 상품과 이용약관'에 동일하게 기록돼 있는지 확인해야 한다.

투자 상품 오픈 전에는 '사전 공지' 형태로 투자 상품에 대한 정보가 제공되므로 업체의 신용도나 담보가치, 채권보전조치 그리고 채무자의 자금용도와 직업 그리고 배우자 직업과 당해세(국세, 지방세) 체납 여부 등을 꼼꼼히 살펴야 한다.

P2P에 투자하는 사람도 있고, GPL 후순위 아파트담보를 근저당권 설정으로 투자하는 사람도 있다. 결국 결정은 본인이 내려야 한다. P2P 이자는 아파트의 경우 연12% 정도 수익이다.

근린상가 담보 또는 토지(지적법상 28개 지목) 담보로 취득 시 연 14~연 15% 이자를 받는다. 플랫폼 수수료 2%를 부담해야 하며 원금 손실 시 그 몫은 투자자가 부담해야 하다.

아래 물건은 내가 강의하는 VIP 실전 투자반에서 20대 초반 젊은 대학원생이 투자한 사례다. 대학교를 다니면서 아르바이트로 종잣돈을 모았고, 부모님께 투자금을 일부 지원받아 투자했다. 결과는 대 만족이었다.

[GPL(정상채권) 후순위 아파트 담보대출 투자 수익 분석]

서울시 금천구 H 아파트 103동 4**호

아파트 84.83 ㎡

KB 시세 387,500,000원/상한가 402,500,000원

1순위 국민 238,000,000원(285,600,000원 : 채권최고액)

2순위 개인 80,000,000원(120,000,000원 : 채권최고액)

318,000,000원/387,500,000원=82%(LTV)

투자금 80,000,000원×21.0%=16,800,000원(정상 이자 1년)

투자금 80,000,000원×24.0%=19,200,000원(연체 이자 1년)

수수료 80,000,000원×4.0%=3,200,000원(모집인 수수료(3%) 및 채권 심사 수수료(1%) 첫 회 1번만 지급됨)

여기에서 많은 수강생들의 질문이 있다. 모집인 수수료 3%와 채권 심사수수료 1%를 모두 연결하는 업체의 수익으로 생각하는 분들이 많다. 그러나 그렇지 않다. 모집인들은 개미조직 같은 네트워크로 하부조직이 많다. 그 하부조직에서 거래업체로 이 물건을 제공하기 때문에 하부조직은 0.2%, 0.5%, 1% 등으로 나눠 경비부담과 일정한 수수료를 챙긴다. 그리고 1% 채권 심사수수료는 금융기관에 대출받기 위해 대부계 직원이 필요 서류와 근저당권 서류 등 채권을 심사하고, 안전한 물건인지 담보비율은 적당한지 파악해 때로는 출장 가서 받기도 하고 사무실 운용수수료 등으로 지출된다. 결국은 투자자가 연 20% 연체 시 최고 연 24%까지 수입을 얻을 수 있고, 1년 안에 상환 시 중도상환 수수료도 받기 때문에 수수료에 대한 부담을 갖지 않아도 된다. 다음은 내 강의를 수강한 투자자의 사례다.

차입자(채무자)는 무역업을 하는 40대 중반의 사업자등록증 소지자였다. 생활필수품을 무역으로 유통시키는 사업자였는데 필요경비가 급해서 후순위 담보대출을 신청했다.

정상 이자 16,800,000원(정상 이자 1년)-3,200,000원(수수료)=13,600,000원
수익 분석 13,600,000원/80,000,000원=연 17%(월 1,133,333원)-정상 이자 ①

연체 이자 19,200,000원(정상 이자 1년)-3,200,000원(수수료)=16,000,000원
수익 분석 13,600,000원/80,000,000원=연 20%,(월 1,133,333원)-연체 이자,

은행에 정기예금으로 납입 시 연 1,600,000원, 월 133,333원(세전 이자)이다.

[유동화 순환구조 투자 : 수익률 분석]

유동화 순환구조 투자는 차입자(채무자)가 아파트 근저당권을 담보로 제공하고 추가로 대출 금액 90%까지 대출이 가능하다. 이 유동화 자금으로 다른 아파트에 추가 투자가 가능하다.

투자금 72,000,000원×21.0%=15,120,000원(정상 이자 1년) → ①
유동화 80,000,000원×90%=72,000,000원, 현금 투자 8,000,000원
투자금 72,000,000원×8%= 5,760,000원(○○저축은행 유동화 대출 이자)
투자금 72,000,000원×4%=2,880,000원(모집수수료(3%) 및 심사수수료(1%))
순이익 6,480,000원=15,120,000원(연 이자)-5,760,000원(질권 이자)-
       2,880,000원 → ②
총 이익 21,600,000원=15,120,000원 ①+6,480,000원 ②
수익률 20,080,000원/88,000,000원=22.81%,
월 이자는 1,673,333원, 은행에 맡기면 월 이자는 146,666원이다.

[1순위 근저당권자 국민은행 대위변제 수익률 분석]

대위변제 238,000,000원×14.5%= 34,510,000원(정상 이자 1년)
질권 대출 238,000,000원×90.0%=214,200,000원,
　　　　현금 투자 23,800,000원
질권 이자 214,200,000원×6.5%=13,923,000원(OO저축은행 유동화 질권
　　　　대출 이자)

순이익금 20,587,000원=34,510,000원(연 수입 이자)−13,923,000원(질권
　　　　대출 이자) → ③
총 이익금 40,667,000원=13,600,000원 ①+6,480,000원②+
　　　　20,587,000원 ③
투자 금액 111,800,000원=80,000,000원+8,000,000원+23,800,000원

수익률 40,160,000원/111,800,000원=35.92%, 월 이자는 3,346,666
원, 은행에 1년 정기예금을 연 2%로 예금을 맡기면 월 186,333원이다.

물건현황

소재지	서울시 금천구 K 아파트 103동 4**호					
면적	㎡	평	평형	세대수	입주년월	종류
건물	84.83	25.7	33평형	996	2002.09	아파트
대지	35.245	10.7				

시세현황

KB 시세

(단위 : 만 원)

기준월	매매가			전세가		
2018.02	하위 평균가	일반 평균가	상위 평균가	하위 평균가	일반 평균가	상위 평균가
	36,500	38,750	40,250	29,000	30,500	32,000

국토부 실거래 (면적 : 동평형)

거래종류						
매매	2017.11	(층)	2017.11	(층)	2018.01	(층)
	40,000	6	40,500	6	37,600	2
전세	2017.11	(층)	2017.11	(층)	2018.01	(층)
	31,000	2	32,000	2	30,000	6

낙찰사례

매각기일	2015.07.08			투자 기간	1년
낙찰가	307,550,000			투자 금액	80,000,000
동호수	105동 1604호			투자 금리	연 21%
응찰수(명)	4명			수수료	4%

※ 2015년 7월 대비 매매시세 약 6,300만 원 상승함.

대출현황

(단위 : 원)

감정가	선순위 대출잔액	채권최고액	기준 LTV	유효 담보가	당사 대출금액	당사 LTV
387,500,000	238,000,000	285,600,000	83%	83,625,000	80,000,000	82.1%
	국민			※ 선순위 실대출 원금으로 적용함.		

기타의견

1. 지하철 1호선 D역 남측 약 500m 위치함.
2. 주변 아파트 단지, 공원, 근생 등 혼재함.
3. 동평형 매물 약 4억 원에서 4억 2,000만 원 시세 감안 채권회수 무리 없을 것으로 판단됨.

누구나 돈 걱정 없는 삶을 원한다. 그러나 부동산 경매도 경쟁이 치열하고, 그보다 한발 앞선 NPL의 현실도 녹록지 않다. 돈될 만한 NPL 채권은 발 빠른 AMC가 수의계약으로 낚아채고, 은행 연체 이자와 질권 대출 이자를 제하면 실제 수익은 12% 미만이다. 이런 수익에 GPL 투자 수익은 최고의 수익률을 얻는 투자처다. 현재 VIP 실전 투자반 수강생 대부분 펀딩 완료 고수익을 얻고 있다.

03 소액 투자로 고수익 낸 GPL 제2순위 근저당권 투자

샐러리맨들은 종잣돈을 가지고 0.1%라도 높은 금융기관의 금융상품을 찾아다닌다. 최근 A 저축은행 본점 이 팀장과 송 부장님을 만나 점심을 같이한 적 있다. 이런저런 이야기를 나누던 중 P 동네는 돈이 있는 사람들이 많아 금리 0.1%만 올려도 수백억 원 예금이 유치된다고 한다. 당시 A 저축은행의 1년 정기예금은 연 2.8%를 주고 있었다. 내가 근무하는 금융기관에서는 연 2.315%(복리)였다. 사람들이 이처럼 0.1% 예금 금리에 민감한 이유는 무엇일까?

샐러리맨의 고정적인 월급만으로는 부자가 되기 쉽지 않기 때문이다. 물가가 너무 올라 실질금리는 사실상 마이너스 금리다. 이렇게 세월을 보내다 퇴직하면 남은 세월은 어떻게 하란 말인가? 평생에 걸친 생애 재테크가 필요하지만 어떤 툴을 잡느냐에 따라 미래의 자산 가치와 자산 규모가 달라진다.

대부분의 샐러리맨은 당당한 부자로 은퇴하기를 바란다. 그러나 현실은 녹록지 않다. 결혼자금, 자녀교육 및 육아자금, 주택마련자금, 부모님 생활비와 병원비, 자신의 노후 재정자금까지 준비해야 하는 현실이다. 내 어머니도 10년 전 뇌경색으로 쓰러져 여태 요양병원에 계신다. 빨리 쾌차해서 집으로 모시고 싶지만 걷지 못해 집으로 모시기가 쉽지 않다. 위로 누님이 두 분 계시지만 나이가 많아서 병원비는 내가 부담하고 있다. 보통 샐러리맨 봉급만으로 부모님 요양비를 납입하고, 자녀 결혼자금에 은퇴 후 노후자금과 생활비를 준비하기에는 충분하지 않다. 그러나 나는 인플레이션을 헤지(Hedge)할 수 있는 GPL 투자를 만나 노후가 걱정되지 않는다. 은행 이자의 10배 이상 수익을 보장받기 때문이다.

필자가 강의하는 아카데미 8기와 VIP 실전반 1기에 지방은행 직원 3명이 참석했다. 그리고 다음과 같이 2명은 3,000만 원, 1명은 후순위 2,500만 원에 투자해서 고수익을 내고 있다.

샐러리맨 종잣돈 투자 금액은 평균 1,500~3,000만 원이라고 한다.

경기도 의정부시 H 아파트 101동 7**호
아파트 74.27㎡, 700세대
일반가 247,500,000원
상한가 254,000,000원
실거래 250,000,000원
낙찰가 228,000,000원 – 2012년 6월 1일 (현시세 250,000,000원)

대출금 1순위 182,000,000원(채권최고액 218,400,000원)
　　　2순위 투지금 25,000,000원
총 대출 금액 207,000,000원/247,500,000원=83%(담보비율 일반가격 적용 시)
총 대출 금액 207,000,000원/250,000,000원=82%(담보비율 실거래가 적용 시)

투자 금액 25,000,000원×24%=6,000,000원
수수료 25,000,000원×4%=1,000,000원
순이익금 5,000,000원=6,000,000원−1,000,000원
수익률 5,000,000원/25,000,000원=20%

물건현황

소재지	경기도 의정부시 H 아파트 101동 7**호					
면적	㎡	평	평형	세대수	입주년월	종류
건물	74.2715	22.5	29평형	700	2006.03	아파트
대지	34.17	10.3				

시세현황

KB 시세 (단위 : 만 원)

기준월	매매가			전세가		
2018.03	하위 평균가	일반 평균가	상위 평균가	하위 평균가	일반 평균가	상위 평균가
	23,500	24,750	25,400	19,250	20,000	20,750

국토부 실거래 (면적 : 동평형)

거래종류

매매	2017.07	(층)	2017.12	(층)	2017.12	(층)
	25,100	13	26,400	15	25,000	12
전세	2017.09	(층)	2017.09	(층)	2017.10	(층)
	18,000	4	19,000	10	17,000	14

낙찰사례

매각기일	2012.06.01
낙찰가	228,000,000
동호수	106동 403호
응찰수(명)	2명

투자 기간	1년
투자 금액	25,000,000
투자 금리	연 21%

※ 2012년 6월 대비 매매시세 약 1,000만 원 상승함.

대출현황

(단위 : 원)

감정가	선순위 대출잔액	채권최고액	기준 LTV	유효 담보가	당사 대출금액	당사 LTV
247,500,000	182,000,000	218,400,000	84%	25,900,000	25,000,000	83.6%
	현대캐피탈			※ 선순위 실대출 원금으로 적용함.		

기타의견

1. 지하철 1호선 U역 남동측 약 1.5km 위치함.
2. 주변 중소 아파트 및 다세대, 단독주택 등.
3. 매매 및 전세시세 감안 채권회수 무리 없을 것으로 판단됨.

월급쟁이가 전세로 살지 않고 당당히 은퇴할 수 있는 방법은 많다고 생각하지만 실제로 그런 샐러리맨은 많지 않다. 내 집 마련과 자녀교육, 노후설계에 역점을 두고 있지만, 48세 전후로 소득보다는 지출이 많은 경제적 정년을 맞이하게 된다. 그렇다면 월급쟁이가 퇴직에 당당히 맞서는 미래지향적인 투자와 노후 준비에는 무엇이 있을까? GPL(정상채권) 후순위 아파트 담보대출에 대해서 공부하고 연구해보자.

04 수익성, 안전성, 환금성에 딱 맞는 똑똑한 투자

    경제 상황이 장기적으로 불황이다. 재테크에 관심이 제일 많은 세대는 30대라고 한다. 20대는 취직하기 위한 전쟁을 치른다. 엄청난 경쟁률을 뚫고 들어온 우리 회사 신입직원들을 보면 일을 배우고 직원들을 알아가는 시기라 술자리가 많아지기 때문에 재테크에 관심을 갖고 싶어도 시간이 없다.

    물가는 지속적으로 오르고, 한국은행 기준 금리가 올랐지만 여전히 금융기관 금리는 낮다. 결혼을 하고 집을 사고 노후를 준비하기에는 턱없이 부족하다. 이제 몇 년 후면 65세 이상 인구가 20% 되는 초고령화 사회에 접어드는데, 노후를 준비하지 못한 많은 노년층들은 절약과 검소만으로 부모님을 모시며 아래로는 자식을 키우기 쉽지 않다. 산업경제에 맞물려 쉼 없이 바쁘게 살아왔는데, 정작 본인의 미래를 바라보지 못했던 베이비붐 세대(1955~1963년)는 더욱 불안하기만 하다.

대학 졸업을 앞둔 젊은이들의 취직 시기는 늦어지고, 집값은 오르고 올라 집 장만하려면 적어도 20~30년을 준비해야 한다. 인턴생활을 청산하고 전쟁 같은 사회에 나와서 종잣돈 모으기보다 학자금 대출을 갚아야 하는 초년생까지 이제는 목돈을 모으고 마련할 수 있는 방법에 대해 체계적인 재무 설계가 필요하다.

이런 시점에 단언컨대 GPL 투자는 선택이 아니라 필수다. 종잣돈 1억 원에서 최대 10억 원까지 계획하고 있는 직장인도 제대로 된 재테크를 하지 못하면 다가오는 100세 시대에 풍요로운 노년을 누리기 어렵다. 따라서 종잣돈을 모아 수익성, 안정성, 환금성이 좋은 정상채권(GPL) 후순위 담보대출에 대해서 연구해보기를 바란다. 이러한 GPL 투자의 장점은 다음과 같다.

첫째, 수익성이다. 앞서 다룬 사례를 보듯 수익률 연 17~20% 고수익이 가능하다. 둘째, 안정성이다. 최후 경매 진행 시 매각 가율이 92% 이상 수도권 담보만을 취득하므로 아파트 LTV(담보비율) 85% 범위 내 투자해 안정적이라고 할 수 있다. 셋째, 환금성이다. 투자자가 병원비와 결혼자금 등 급한 자금이 필요해 투자했던 근저당권을 내놓으면 그 물건에 투자할 사람은 줄 서 있다. NPL 법인도 있겠지만 일반 투자자도 이런 물건을 찾고 있는 고객이 줄 서 기다리고 있으므로, 바로 근저당채권 이전 또는 대환처리가 가능하다. 연결시켜준 업체도 이 정도의 투자금은 있고, 투자 고객이 기다리고 있다고 보면 된다. 넷째, 후순위 대출이므로 소액 투자가 가능하며 투자 기간에 높은 수익을 올릴 수 있다. 다섯째, 부동산 경매와는 다르게 GPL 투자자에게는 선순위 대위변제와 유동화 순환 투자가 가능하다. 1순위 연체로 피담보권이 확정되면 선순위 대위변제로 최고연체 이자를 받을 수 있으며, 대위변제 금액의 90~97%까지 대위변제 대출이 가능하다. 또한 후순위 대출 후 근저당권 설정서 담보로 90%까지 질권 대출이 가능하므로 유동화 순환 투자로 투자 금액을 늘려서 고수익이 가능하다. GPL 투자를 처음 하는 투자자는 전문가에게서 체계적인 다양한 투자 방법과 투자 항목의 비이자 영업 대금의 세금과 대부법인 세법처리 방법 그리고 대부교육 및 1인 금융업(인)을 꿈꾸는 사람들은 전문적인 재테크 포트폴리오로 상담받아 보기 바란다.

05 개미 투자자 공투로 GPL 성공하기

나는 Sh은행 PB 인증자다. 고객의 자산을 관리하다 보면 고수익을 보장하는 안전한 투자처를 찾는 고객도 있고, 세법을 활용한 절세 방법을 문의하는 고객도 많다.

어떤 고객은 이자를 내야 국가경제와 복지가 잘된다며 세금 걱정은 하지 않고 금리 높은 금융상품을 찾기도 한다.

현재 시중은행의 정기예금 금리 중 가장 높은 이자율은 단리 연 1.8~2.0% 수준이다. 부동산 간접 투자, 주식, 달러 투자, 리츠(REITs) 투자, 금 투자, 은 투자 등 아무리 생각해도 마땅한 투자처가 없다. 이렇게 저금리 시대인 요즘, 우리의 재테크 전략은 어떻게 나아가야 할까?

첫째, 부동산 시장 변화를 주시하고 경기 사이클을 읽을 줄 알아야 한다. 시중 금리 지표인 국고채 금리는 신탁과 투신사의 채권 간접 투자 상품 등 실적배당 상품의 수익률에 직접적인 영향을 미치고, 예금 이율을 결정하는 중요한 지표로 활용한다. 만약 국고채 금리가 상승세를 유지한다면 실적배당 상품보다는 정기예금 위주의 포트폴리오를 짜는 게 낫다. 반대로 금리가 하락할 가능성이 높다면 채권이나 주식 간접 투자 상품에 투자하는 것이 유리하다.

둘째, 물가 상승률을 상회하는 높은 수익처를 찾아야 한다. 고수익 상품만 찾아도 문제이지만 너무 안전성만 추구해 은행 예금에만 투자할 경우 세후 수익률은 연 1%대에 불과한 것이 현실이다. 따라서 은행 예금 외 부동산 투자 신탁이나 후순위 채권 등 고수익이 보장되는 상품에 주목하자.

셋째, 절세 방법을 찾아야 한다. 부동산은 취득, 보유, 처분 시 다양한 세금이 징수된다. 저금리 시대일수록 세(稅)테크가 중요하다. 새로운 투자처보다는 절세할 수 있는 상품과 절세 방법을 찾는 것이 유리할 수 있다. 10년 단위 비과세나 세금우대 상품에 우선 가입하면 좋다. 근로자라면 연말정산 혜택이 있는 금융상품에도 관심을 가질 필요가 있다. 연말정산 시 소득공제를 받을 수 있는 장기주택마련저축이나 개인연금신탁을 이용하자.

넷째, 부채(채무)를 상환하고 검소하게 생활해야 한다. 정기적금 이자는 가입금액에 이자를 받는 것이 아니라 누적금액에 이자가 붙기 때문에 실질이자는 거의 없다고 봐야 한다. 그렇기 때문에 예금이자보다는 절약하고 검소하게 생활하는 것이 돈을 버는 재테크다. 은행 간 대출경쟁으로 최근 대출금리가 내렸지만 기준 금리 인상으로 예전에 받은 대출금은 여전히 금리가 높다. 대출기간이 1년 이상 남았고 연 5% 이상 적용되는 담보대출이 있다면 대출은행 '거래선 변경'하는 것도 하나의 방법일 수 있다. 대출 이자만큼 수익을 낼 수 있는 금융상품은 드물기 때문이다.

다섯째, 주식은 경기에 민감하다. 5년, 10년 사이클 주기를 체크하다 보면 정부 정책이 경기에 후행함을 알 수 있다. 급여생활자는 은행 증권사 투신사에서 판매하는 근로자 주식 신탁에 가입하는 것도 좋은 방법이다. 이 상품은 연말에 세액공제 혜택도 받을 수 있기 때문이다.

저금리 시대 직장인의 '출구전략'은 어떤 것일까? 2008년 미국발 금융위기로 세계 경제가 영향을 받자 경기를 부양하기 위해서 전 세계적으로 정책 금리를 인하하고, 시중에 유동성을 공급하는 조치를 정상으로 되돌리게 됐다. 이 당시 '출구전략'은 그동안 내렸던 정책 금리를 서서히 올리면서 시중에 과도하게 풀린 유동성을 환수하는 것이었다.

출구전략으로서 각국이 정책 금리를 올리게 되면 우선적으로 주식 시장이 영향을 받게 된다. 그동안 낮은 금리 탓에 은행 예금에서 이탈해서 주식 및 원자재 시장으로 흘러 들어온 자금이 빠져나갈 수 있기 때문에, 증시나 원자재 시장이 조정을 받을 수 있다. 반대로 금리가 높아지면 채권 가격이 싸지기 때문에 채권에 투자하는 것이 상대적으로 유리할 수 있다.

하지만 출구전략이 시행될 경우 주택담보대출을 받은 서민들의 경우 변동 금리 상승으로 인해 힘들어질 수도 있다. 정부가 정책 금리를 올리면, CD 금리가 같이 올라가게 되는데, 주택담보대출을 CD 연동 금리로 받은 대다수의 주택담보대출자들의 이자 부담 금액이 올라가기 때문이다. 따라서 출구전략이 시행된다고 예상이 될 경우 고정 금리가 아닌 연동 금리의 부채가 있는 사람들은 그 전에 채무를 갚는 것이 유리하며, 주식이나 원자재보다는 채권 시장에 투자하면 더 좋을 것이다. 그렇다면 투명한 유리지갑의 샐러리맨은 어떻게 출구전략을 짜야 할까?

초저금리 시대에 한국은행이 2022년 5월 26일에 기준금리 1.75%로 하면서 초저금리 시대가 종식되는가 했다. 그러나 기준 금리 인상에도 금융권 변화는 거세다. 시중은행은 예·적금과 대출 기준 금리를 올리는 방향으로 잡았고, 주식 시장은 금리 인상 대비에 바쁘다. 이에 기준 금리 인상에 따른 분야별 재테크 출구전략을 살펴보자.

첫째, 변동 금리 예금 선택 시 만기를 짧게 하라. 인터넷·모바일로 가입하게 되면 0.2% 이상 추가금리가 적용된다. '적은 금리에 민감한 재테크 유목민'이 늘어나면서 금리에 은행은 민감한 고객을 잡기 위해 예·적금 금리 인상 경쟁에 뛰고 있다.

대출을 받은 사람들은 금리 인상이 달갑지만은 않다. 변동 금리에서 고정 금리로 무작정 대출상품을 갈아타야 할지는 다양한 시각이 엇갈린다. 고정 금리 대출은 변동 금리 대출보다 금리가 높은 데다 상품을 갈아타면 중도해지 수수료까지 물어야 하는 단점이 있다.

둘째, 워렌 버핏(Warren Buffett)처럼 내재가치 높은 가치주에 투자하라. 금리 인상기에는 성장주보다는 가치주에 관심을 두라는 것이 증권 전문가들의 조언이다. 가치주란 이익 성장성은 떨어지지만 주가수익비율이나 주기순자신비율을 고려할 때 상대적으로 저평가된 주식을 말한다.

시중 금리 상승이 가파르면 대형주나 성장을 많이 한 종목에 집중적으로 투자하기보다는 가치주·산업재·금융주 등으로 투자 종목 구성을 다변화하려는 노력이 필요하다. 한편 금리 인상기에는 증권사의 종합자산관리계좌(CMA)도 관심 가질 만하다. CMA는 1일 기점으로 주요 증권사는 머니마켓랩(MMW)형 CMA 금리를 0.1~0.25%포인트 올릴 수 있다.

기준 금리와 연동해 수익률이 결정되는 하이일드 펀드(High yield fund)는 신용등급이 낮은 중견기업에 담보로 제공받고 자금을 빌려주는 변동 금리형 선순위 담보대출인데, 펀드는 여기에 투자해 수익을 낸다. 하이일드 펀드 역시 신용등급이 낮은 채권에 투자하는 펀드로, 금리가 오르면 채권부도율이 낮아지기 때문에 괜찮은 이자수익을 올릴 수 있다.

또 중국·유럽 등 급성장하는 주식(이머징마켓, Emerging market)이나 글로벌 후순위채도 추천 종목이다. 이들은 위안화나 유로화 스프레이드로 투자자가 투자 운용수익을 원화로 투자하면 원화 금리가 높은 상황에서 환헤지 프리미엄도 기대할 수 있다. 즉, 환차익을 기대하는 것이다.

넷째, GPL(정상채권) 후순위 채권에 투자하라. 수익률을 높이기 위해서는 채권 투자보다 위험자산인 주식형 펀드에 관심을 가져야 한다는 조언도 나온다. 금리 인상기에는 채권의 수익률 하락이 예상되기 때문이다. 그러나 내 생각은 반대다. 금리와 채권은 상호작용으로 잦은 금리 변동기에 투자 원금 손실이 될 수도 있기 때문이다. 이럴 때 금리 인상기에 빛을 볼 수 있는 후순위 담보대출은 어떨까? 후순위 담보대출 및 높은 금리로 발행하는 '하이일드(고수익·고위험) 채권' 등은 경기가 살아나면 부도율이 낮아져 적합한 투자 대상으로 꼽힌다.

반면 과거 환차익을 노린 대표 투자 자산으로 꼽혔던 달러화는 본격적으로 매입할 시기가 아니라는 의견이 많다. 금리 인상이 시장에 먼저 반영된 데다 트럼프(Trump) 대통령의 정책이 기본적으로 약(弱) 달러를 지향해 달러가 박스권에서 움직일 가능성은 크지 않다는 것이다. 전문가들은 "달러는 환율 1,120

원 선 밑에서 매수하는 것을 추천한다"라고 조언한다. 금융투자 협회 증권·파생상품 서비스 관계자는 "금리가 낮았을 때는 비교적 안전한 자산인 채권형 펀드의 인기가 좋았지만, 앞으로는 수익률이 높은 주식형 펀드를 중심으로 자금이 몰릴 것으로 보인다"며 "2023년까지는 미국 금리 인상이 예상되는 만큼 한국도 금리가 더 오를 수 있다는 사실을 감안해 투자해야 한다"라고 말했다.

선 부장 외 4명은 저금리 시대에 절약을 실천하며 종잣돈을 모았다. 4명은 4,000만 원씩 공동 투자하고, 1명은 사회 초년생이라 2,000만 원을 투자해 총 1억 8,000만 원으로 GPL 후순위 채권에 투자했다. 선 팀장은 어렵게 마련한 종잣돈인 만큼 어떻게 자산을 불릴지 고민이 많았다. 그래서 나는 GPL 투자를 권유했다.

세후 목표액	180,000,000원	적립 기간	360개월
이자율	2.00%(소수점 2자리)		

> 목돈 마련
> 목표액 180,000,000원
> 월 납입금액

※ 계산 결과

구분	적립 원금	세금	세후 이자	월 적립액	세후 금리
일반 과세	143,483,040원	6,647,330원	36,517,150원	398,564원	1.69%
세금 우대	141,481,080원	4,043,411원	38,518,813원	393,003원	1.81%
농, 수협 단위조합, 신협, 새마을금고	138,822,120원	584,672원	41,177,648원	385,617원	1.97%
비과세	138,372,840원	0원	41,627,163원	384,369원	2.00%

· 이자 소득에서 세금 우대는 9.5%, 일반 과세는 15.4%
· 농·수협 단위조합, 신협, 새마을금고 조합원의 경우 1.4%(1인당 한도 2,000만 원)

이 물건의 대출자는 신발과 의류 등 땡처리 물건을 잡아 유통하는 사업가였다. 신DTI, 신LTV 적용을 받다 보니 담보물이 안전한 아파트가 있어도 필요자금을 지원 받지 못하고, 결국 후순위 담보대출을 신청했다.

🔍 사례 분석

[GPL 투자 수익 분석]

이 대출은 1순위 신협에서 대출 취급했고, 2순위 후순위 담보대출을 취급한 상황이다. 우리 금융기관 담보대출 한도다.

KB 시세 945,000,000원×70%-27,000,000원=634,500,000원 담보대출 한도
KB 시세 945,000,000원×80%-27,000,000원=729,000,000원 담보대출 한도
KB 시세 945,000,000원×80%(신탁대출 한도)=756,000,000원 담보대출 한도

나도 금융기관 지점장으로 예금뿐만 아니라 1년 동안 사업수지 계획에 맞게 대출 취급을 많이 해야 했다. 그래서 아파트 대출 한도를 말하고 대출을 취급하려 했으나 이미 신협에서 대출자서한 상황이라 그렇게 하지는 못했다.

1순위 신협 대출 630,000,000원
2순위 후순위 대출 180,000,000원

투자 금액 180,000,000원×20.0%=36,000,000원(정상 이자 1년)
투자 금액 180,000,000원×24.0%=43,200,000원(최고 이자 1년)
수수료액 180,000,000원×4.0%=7,200,000원(모집수수료(3%) 및 심사수수료(1%)1번)
정상 이자 43,200,000원(정상 이자 1년)-7,200,000원(수수료)=36,000,000원
수익 분석 36,000,000원/180,000,000원=20%(월 3,000,000원)-최고 이자 → ① 24% 대부계약
수익 분석 36,000,000원/180,000,000원=연 20%, 월 1,333,333원-수입 이자,
은행에 1년 만기 정기예금 맡기면 3,600,000원, 월 300,000원-세전 이자.

180,000,000원을 투자하고 근저당권 설정을 150% 했을 때, 이 금액의 90% 근저당권 설정 담보대출을 받을 수 있다. 이를 '유동화 순환구조 투자법'이라고 한다.

나는 2순위 근저당권 매입한 NPL 법인에 유동화 순환 대출을 해줬다. 2순위 근저당권을 10건 매입했는데 여러 건(Pooling)으로 묶어서 대출해줬다. 이때 1순위 근저당권 대출금이 연체가 돼 피담보채권이 확정되면 대위변제 목적도 있다.

[유동화 순환 투자 시 수익 분석]

담보로 제공된 아파트를 근저당권 150% 설정하고 후순위 대출 투자자는 근저당권 설정계약서를 저축은행과 P2P에 질권 잡히고 대출받을 수 있다. 이를 유동화라고 한다. 기초 자산을 활용해서 투자금을 늘려 더 많은 수익을 얻기 위한 방법이다.

유동화 180,000,000원×90%=162,000,000원, 현금 투자 18,000,000원
투자금 162,000,000원×24.0%=38,880,000원(정상 이자 1년)

투자금 162,000,000원×8.5%=13,770,000원(○○저축은행 유동화 대출 이자)
투자금 162,000,000원×4.0%=6,480,000원(모집수수료(3%) 및 심사수수료(1%))
순이익 18,630,000원=38,800,000원(연 이자)−13,770,000원(대출 이자)−
　　　6,480,000원 → ②
총 이익 54,630,000원=36,000,000원 ①＋18,630,000원 ②
수익률 54,630,000원/198,000,000원(유동화 질권대출 후 현금 투자 18,000,000
　　　원+2순위 후순위 대출 180,000,000원)=27.59%, 월 이자 4,912,500원,
은행에 1년 정기예금으로 맡기면 월 330,000원(세전 이자)

이 물건은 채무자의 채무상환능력이 있다고 판단해서 4,000만 원 4명의 합계액 160,000,000원, 자금이 부족한 여성회원이 20,000,000원을 투자해

서 총 180,000,000원이 투자됐다.

4,000만 원 공동 투자자 4명은 매월 800,000원의 이자를 받고 있다. 2,000만 원 공동 투자자 1명은 매월 400,000원의 수익을 내고 있다. 이런 고수익을 얻을 수 있는 방법이 있을까? 그래서 나는 GPL을 '신(神)의 재테크'라고 일컫는다.

다음과 같이 채무자가 대출이 많으면 소유권이전청구가등기와 담보 가등기로 처리해서 채무자의 이자지연을 심리적으로도 막을 수 있다.

설정 잔액

구분	원금(원)	차주	구분
○○시 ○○동 121	900,000,000	최○수	담보대출 0.259억 원
소계	900,000,000		

연체 이자

구분	원금(원)	이자율(년)	기간(개월)	계(원)
****	100,000,000	24.0%	3	10,800,000
우리	630,000,000	3.5%	3	5,512,500
소계	810,000,000			16,312,500

(주) 기간 : 연체 3개월 내 급매 기준

등기 비용

구분	실거래 급매가(원)	세율	계(원)
경기도 용인시 ○○동 976	900,000,000	2.2%	19,800,000
소계	900,000,000		19,800,000

(주) 세율 : 실거래 급매가 6억 원 이상 2.4% / 실거래 급매가 6억 원 미만 2.2%

중개 수수료

구분	실거래 급매가(원)	수수료율	계(원)
경기도 용인시 ○○동 976	900,000,000	0.5%	4,500,000
소계	900,000,000		4,500,000

법무사 수임비용

구분	실거래 급매가(원)	수임비용	계(원)
경기도 용인시 ○○동 976	900,000,000	1,500,000	1,500,000
소계	900,000,000		

(주) 건당 150만 원 일괄 적용

BEP 계산	
실거래 급매가	900,000,000
설정 잔액	630,000,000
****	180,000,000
연체 이자	16,312,500
등기 비용	19,800,000
중개 수수료	4,500,000
법무사 수임비용	–
계	49,387,500

매매 예약가 32,000,000

추가 확인사항		
구분	KB 시세	급매가
	94,500	90,000
소계	94,500	90,000

차주 신용 정보
전세계약서 및 임차인, 부동산 확인

D 아파트 시세(경기도 성남시)

(단위 : 만 원)

공급/전용면적(㎡)	매매가			전세가			월세가	
	하위 평균가	일반 평균가	상위 평균가	하위 평균가	일반 평균가	상위 평균가	보증금	월세
123.5/101.41	79,500	86,000	89,500	54,000	56,500	58,000	10,000	140~143
152.33/123.48	89,500	94,500	98,000	56,500	58,500	62,000	–	–
196.27/163.83	95,000	101,500	107,000	62,000	67,500	69,000	–	–

표시번호	소재지번	지목	면적	등기원인 및 기타사항
				전산이기

【표　　제　　부】 (전유부분의 건물의 표시)

표시번호	접수	건물번호	건물내역	등기원인 및 기타사항
1 (전 1)	1993년 8월 27일	제8층 제801호	철근콘크리트조 126.20㎡	도면편철장 제3책 66장
				부동산등기법 제177조의 6 제1항의 규정에 의하여 2000년 12월 20일 전산이기

(대지권의 표시)

표시번호	대지권 종류	대지권 비율	등기원인 및 기타사항
1 (전 1)	1, 2, 3 소유권대지권	123521분의 66.798	1995년 11월 1일 대지권 1996년 10월 31일
			부동산등기법 제177조의 6 제1항의 규정에 의하여 2000년 12월 20일 전산이기

매매가액 815,000,000원 – 매매일(2011.02.07)
매매시세 945,000,000원 – 대출일(2018.03.14)
시세차익 130,000,000원이다.

48평형대이므로 시세차익이 높지 않았지만 그래도 오르긴 올랐다. 이처럼 평형대가 큰 아파트는 시세가 많이 오르지 않지만, 서울 수도권 아파트라 큰 평수여도 시세 가격이 상승했다.

【　갑　　　　구　】 (소유권에 관한 사항)

순위번호	등기목적	접수	등기원인	권리자 및 기타사항
1 (전 3)	소유권 이전	1997년 10월 2일 제112352호	1997년 9월 2일 매매	소유자 배** ******-******* 서울 강남구 압구정동 **************
				부동산등기법 제177조의 6 제1항의 규정에 의하여 2000년 12월 20일 전산이기
1-1	1번 등기 명의인 표시 변경	2004년 4월 20일 제30428호	1997년 11월 18일 전거	배**의 주소 경기도 성남시 **********
2	소유권 이전	2008년 12월 24일 제64221호	2008년 11월 13일 협의분할에 의한 상속	소유자 안** ******-******* 경기도 성남시 분당구 ***********
3	소유권 이전	2001년 3월 29일 제20630호	2011년 2월 7일 매매	소유자 임** ******-******* 경기도 광주시 *********** 거래가액 금 815,000,000원
3-1	3번 등기명의인 표시 변경	2014년 8월 21일 제54873호	2011년 4월 18일 전거	임**의 주소 경기도 성남시 ***********

【　을　　　　구　】 (소유권 이외의 권리에 관한 사항)

순위번호	등기목적	접수	등기원인	권리자 및 기타사항
1	근저당권설정	2004년 4월 30일 제30429호	2004년 4월 30일 설정계약	채권최고액 금 120,000,000원 채무자 배**

06 평범한 샐러리맨 소액으로 GPL 투자하는 법

　사람들은 보이는 대로 믿는 것이 아니라 믿고 있는 대로 보게
된다. 우리 삶에 놓인 모든 것들은 내가 긍정적으로 생각하고
미래를 상상하며 그린 꿈으로 그려진다. 상상력은 현실이 된다.
내가 만난 대부분의 부자들은 몇 가지 공통된 법칙이 있었다.

　첫째, 시간을 관리한다.

　둘째, 사람을 관리한다.

　셋째, 돈을 관리한다.

　넷째, 자기계발과 성장을 멈추지 않는다.

　다섯째, 명확한 인생목표를 설계한다.

　여섯째, 긍정적인 생각으로 칭찬을 아끼지 않는다.

　일곱째, 간절한 꿈이 있다.

첫째, 내가 만난 부자들은 아침 5시 또는 6시에 일어나 남들보다 1~2시간 더 아침을 장악하며, 오늘 해야 할 일들을 글로 적는다. 아침형 인간이든 저녁형 인간이든 자신의 생활패턴과 리듬에 맞춰 철저하게 시간을 관리한다. 둘째, 주변의 사람들을 긍정적으로 인정해주고, 칭찬하고, 대우해준다. 이런 사람은 주변에 사람이 많기 때문에 돈 벌 수 있는 기회도 많아진다. 셋째, 적은 돈도 함부로 쓰지 않는다. 그들은 절약하고 검소함이 몸에 뱄다. 10원이 모여 1,000만 원 종잣돈이 된다는 진실을 잘 알고 있었다. 넷째, 자기계발을 꾸준히 하고 책을 읽으며 새로운 아이디어를 찾아낸다. 다섯째, 명확한 인생목표가 있다. 굵직한 목표를 세우고, 그 목표를 다시 세분했다. 여섯째, 늘 긍정적인 생각으로 삶에 임한다. 일곱째, 부자가 되고 싶은 간절한 꿈이 있다.

대부분의 사람들은 부자가 되기를 원한다. 그리고 부자들의 강연이나 책을 통해 부자가 되는 방법을 이미 알고 있다. 그러나 부자가 되지 못하는 이유는 샐러리맨 같은 직장인이거나 돈과 시간을 맞바꾸는 일을 반복하기 때문이다.

부자들은 일하지 않아도 돈 버는 시스템을 가지고 있다. 연금, 수익형 부동산 그리고 이 책에서 말하는 안전한 재테크 투자처를 찾는다. 재테크 툴(Tool)이 다르면 수익률도 달라지고, 자산을 모으는 시간도 단축된다. 이것이 부자들의 마인드를 실천하는 것이다. 지금 내가 부자가 아니라면 아직도 부(富)의 법칙을 제대로 모르고 있거나 제대로 알았어도 실천하지 않기 때문은 아닐까?

《부의 법칙》의 저자는 1960년대 자신의 글을 타이핑 할 타이핑리스트를 고용했다. 그런데 책의 반을 타이핑 하던 사람이 갑자기 일을 그만둔다고 했다. 남편이 영업을 하는데 너무 실적이 좋아 일하지 말라고 해서 그만둔단다. 또 다른 타이핑리스트도 1주일을 일한 뒤 그만두겠다고 했다. 타이핑 하다가 삶에서 제일 중요한 것은 '자신의 꿈을 찾는 것'이라는 것을 알게 됐다고 했다. 그리고 집에서 일하던 가정부에게 자신이 쓴 글을 읽어주며 부의 법칙을 이야기해주자 그 가정부도 부의 법칙을 깨닫고 그만뒀다고 한다. 이것이 진정한 부의 법칙을 일깨우는 전달 방식이고, 실천해서 부를 이루는 사람들이다.

나도 샐러리맨이지만 실천과 노력을 게을리하지 않는다. 그래서 이 투자 건도 과감히 샐러리맨의 마인드가 아닌 부자의 마인드로 투자를 결심했다.

한 직장인이 신용등급은 7등급이고, 연봉은 3,000만 원인데 생활자금 대출을 신청한다고 했다. 그가 사는 곳은 건축연도가 좀 오래됐지만 인근에 지하철이 들어오고 신축아파트가 들어서는데다 용마루구역 재개발과 재건축이 진행되고 있어서 투자했다. 무엇보다 대지지분이 넓고 용적률이 250% 이상이며 인구 유입 있는 지역이고 직장인이라 이자 연체가 되지 않을 것이라 생각했다.

인천광역시 남구 H 아파트
아파트 84.6㎡, 11층 중 6층, 606세대

KB 시세 217,500,000원
하한가 195,000,000원

1순위 대출 148,000,000원(채권최고액 177,600,000원-현대라이트 생보)
2순위 대출 36,000,000원(채권최고액 54,000,000원-GPL 후순위 대출) → 선순위 2,300만 원(넥스젠) 대환 후, 추가 대출 1,300만 원을 요청했다.
148,000,000원+36,000,000원=184,000,000원/217,500,000원
=84.5%(LTV-담보비율)

	주소	인천시 남구 H 아파트 2동 ***호						
물건 현황	**물건 형태**	(아파트) 빌라 주택 상가 토지 기타			**거주 현황**	(본인거주) 세입자 무상거주 (공실)		
	세입자	전세(만 원)	월세(보증금 : / 만 원) 기타( )					
	물건	**평형**	**전용면적**	**전체층**	**주거층**	**총 세대수**	**동수**	**방 갯수**
			84.6㎡	11	6	606		3
	KB 시세	**하한가**		**일반가**		**국토 실거래가**		
		19,500		21,750				
	기대출	**채권자**		**채권최고액**		**대출원금**(잔액)		
		H라이프 생보		17,760		14,800		
		넥○젠		2,990		2,300		
						–		
		합계		20,750		17,100		

채무자	성명	정○○	소유자와 관계	본인
	직업분류	사업자 (직장인) 기타	상호명/직장명	직장인
	신용등급	(7)등급	연 소득	연 3,000만 원
소유자	정○○		직업분류	사업자( ) 직장인( ) 기타( )

신청사항	신청금액	3,600만 원	신청상품	선순위 (후순위)
	예상금리		기표 요청일	
	일반 공동지분 지분대출 매매잔금 경락잔금 경매 취하 타행동시진행			
	매매가		경매낙찰가	

특이사항	자금용도 및 요청사항 : 생활자금 / 대환1(넥○젠)

구분	매매가	전세가	월세가
하위 평균 시세 최저가	**23,000**만 원 최고가 대비 현재시세 0%(-) 2004.02.16 **11,650**만 원 최저가 대비 현재시세 **67.4%**	**18,750**만 원 최고가 대비 현재시세 0%(-) 2006.03.20 **7,250**만 원 최저가 대비 현재시세 **137.9%**	–

H 아파트 시세 변동 추이

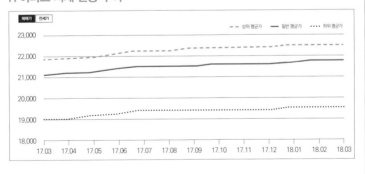

이 물건의 GPL(후순위 아파트 담보대출) 투자자는 연 소득 3,000만 원, 샐러리맨 후순위 대출 요청자에게 3,600만 원, 아파트 담보 설정하고 연 24%로 매월 720,000원씩 이자를 받아 수익을 얻고 있다.

아파트 가격은 오르고 내리고를 반복한다. 주변에 역세권과 초역세권 환경이 조성되면 유동인구는 늘어나고 부동산 가격은 반등한다. 갭 투자는 이런 유망한 곳에 투자해서 수익을 얻는 것이나. 긍정적으로 생각해야 마음속에 긍정의 씨앗이 싹튼다. 그리고 그 씨앗은 좋은 열매를 맺고 삶을 바꿀 수 있다. 이 책을 읽는 분이 샐러리맨이라면 퇴직 후 먼 미래를 바라보는 혜안을 갖기를 간절히 바란다.

Chapter 02

소액으로 투잡하는
GPL 투자법

현재 투기지역 다주택자 LTV(담보인정비율)는 40%이다. 1·2
순위 금융기관 대출 가능액은 400,000,000원, 설정 금액은
480,000,000원(120%)이다. 사업을 하는 사람들은 사업자금이
더 필요하다. 수익을 내는 방법을 알고 있기 때문에 이자가 고율
이라도 대출을 더 많이 받기를 원한다. 그래서 대부업체 대출 가
능액 850,000,000원에 2순위 담보로 제공하고 대출받는다. 1순
위 대출 감정가(KB 시세)는 10억 원, 아파트 1순위 850,000,000
원, 2021년 7월 7일 이후 연 20%(법정최고이자율)다. 2022년 법
정최고이자율 연 15% 인하로 국회 상정 중이다.

정상 이자 : 1년 이자 204,000,000원(월 17,000,000원)
연체 이자 : 1년 이자 237,150,000원(월 19,762,500원)

2순위 대출 한도 10억 원×85%(담보비율)= 850,000,000원

1순위 기업은행 대출금 5억 원, 설정 금액 6억 원

대출 한도 850,000,000원–600,000,000원=250,000,000원, 후순위 대출 당시 2018년 2월 8일 이전이므로 금리 연 24%, 연체 시 연 27.9%였다.

250,000,000원 2순위 대출→은행 이자 연 2% 연 이자 5,000,000원(월 416,666원)

[GPL 유동화 순환 투자 수익 분석]

정상 이자 연 60,000,000원(월 5,000,000원)

연체 이자 연 69,750,000원(월 5,812,500원)

[GPL로 선순위 대위변제 수익 분석]

GPL 2순위 대출 후 '기한의 이익 상실' 시점에 경매 신청 후 확정채권일 때 선순위 임의(법정)대위변제 5억 원이다.

대위변제 연 60,000,000원(월 5,000,000원)

연체 이자 연 69,750,000원(월 5,812,500원)

AMC(자산관리회사) 사업자 또는 대부업자는 채권자이고, 근저당권 설정자가 되며 채무자가 상환할 때까지 연 24%, 연체 시 연 27.9% 이자를 받으며, 기한의 이익 상실 시점에 선순위 기업

은행 법정대위변제로 고수익을 창출할 수 있다.

개인은 대부업자가 아니므로 연 19%이고, 법인 앞으로 근저당권 설정 후 2순위 후순위 근질권을 설정한다. 개인은 고객(채무자)으로부터 수납하는 24% 중 5%(24%-19%)는 채권 사후관리비 및 법인세 등으로 차감된다.

1인 기업, 1인 금융기관, 누구나 꿈꿀 수 있다. 이 투자법이 바로 GPL(NPL)을 활용한 신(新)대위변제 투자법이다. 그러나 가산 금리 3% 인하로 대위변제도 큰 의미를 잃게 됐다. 그러므로 대출 당시 금리가 높은 예가람 저축은행과 OK 저축은행, Rush & Cash의 채권 매입 후 선순위 대위변제(대출 이자 연 8.5%) 3% 가산 금리만으로도 11.5% 이상이므로 틈새 투자처는 있다.

2018년 2월 8일 이전, 아파트 담보비율 1순위 근저당권 설정 담보비율 85% 범위 내 대출이므로 안전하다. 또는 2순위 근저당권 설정 선순위 설정(잔액)금액 포함 KB 국민 시세 85% 범위 내 아파트 담보대출로 1순위 대출 감정가 10억 원, 아파트 1순위 850,000,000원, 연 24%, 연체 시 연 27.9%이며, 2순위 대출 1순위 기업은행 대출금 5억 원 설정 금액 6억 원, 대출 한도 8.5억 원-6억 원=2.5억 원, 금리 연 20%, 연체 시 연 24%다.

2018년 2월 8일 이후에는 AMC사업자 또는 대부업자는 채권자이며 근저당권 설정자가 되며 채무자 상환할 때까지 연 20%, '기한의 이익 상실' 시점에 선순위 기업은행 법정대위변제로 고수익을 창출한다.

01 경매 속의 돈 맥脈 GPL 신新대위변제 투자

    내 자산을 배로 불려줄 금수저들의 재테크 경매 취하 자금 대출이 있다. 그리고 선순위 대위변제 시 수익은 늘어난다. NPL 투자자 또는 P2P 업체 그리고 배당대출 투자자들은 (가)압류 등 말소가 가능한 경매 취하 자금 대출 대위변제를 통한 경매 취하 자금 대출을 해주고 있다. 내가 소속된 금융기관에서도 매각돼 경매 낙찰된 과수원이 잔금 치르기 하루 전에 경매를 취하하고 대출로 정상화된 경우도 있다.

    먼저 경매 원인이 되는 (근)저당권 말소 및 대환대출, 압류·가압류·가등기 등 권리 침해 사항을 말소해서 소중한 자산을 지키는 경매 취하 대출이 있다. 또한 일시적인 브릿지 자금을 대여해 부동산에 권리 침해를 해소하는 자금을 투입해서 소유권을 지키고, 경매를 연장 및 취소해서 내 소중한 자산을 지키는 방법을 찾기도 한다. 특히 지속적으로 오르는 아파트는 이 경매 취하 자금으로 정상화하는 경우가 많다. 그러면 경매 취하 자금 대출은 어떻게 진행해야 할까?

실제 부동산 가치가 5억 원인 자산 가치가 있는 아파트가 있다. 실제 채무액은 410,000,000원이고 이자 납입 지연으로 1순위 근저당권자인 국민은행이 경매 신청을 했다. 지금 경매가 진행되면 경매 낙찰 예상가는 95%로 495,000,000원에 낙찰이 예상된다. 그러나 선순위 이자는 1금융기관으로 지출될 이자는 적지만, 경매될 경우 후순위 대출 투자자는 고율의 연체 이자를 받아가므로 실제 손에 쥘 돈은 많지가 않다. 그래서 '경매 취하 자금 후순위 대출' 신청으로 추가 후순위 대출로 경매를 취하시켰다.

서울특별시 관악구 B 아파트 102동 5**호, 84.96㎡, 2,314세대.
1순위 대출 290,000,000원(채권최고액 348,000,000원 : 국민은행)
2순위 대출 120,000,000원(채권최고액 180,000,000원 : GPL 후순위 대출)
290,000,000원+120,000,000원=410,000,000원/500,000,000원
=82%(LTV)

이 채권은 위험 부담이 있어 소유권이전청구가등기로 진행했다. 선순위 경매 취하 자금으로 불안한 상황을 정리하고, 남은 돈은 채무자 부인 통장으로 이체 확인서를 받고 입금시켜줬다.

부동산 임의경매는 채무자가 담보로 제공한 금융기관에 이자를 납입하지 못하고 법원에 경매를 진행하는 경우가 많다. 대출 원리금을 갚지 못하고 담보로 제공된 부동산에 경매가 진행되는 경우 담보로 제공된 부동산의 미래가치가 충분하다면 경매를 취소시키고, 차후 인근 부동산에 급매 또는 일정한 시점에 매각하는 것이 더 좋은 방법일 것이다.

그러기 위해서는 경매 취하 자금이 필요하고 자금 융통을 위해서 경매 취하 자금 대출 또는 다른 방법으로 자금을 융통하는 방법을 찾아야 한다. 우선 경매 취하 자금 대출에 있어서 시간이 걸리고, 후순위 (근)저당권 가압류 등 권리 침해가 있으면 필요자금은 늘어난다. 경매 취하 자금 대출이 가능한 금융사에 알아봐야 하지만 실제로 쉽지 않은 경우가 많다. 대부분 경매 취하 자금 대출 한도는 부동산별, 지역별 담보비율이 다르다. 채무자는 민법 제153조(기한의 이익과 포기)를 선택할 수 있다.

> **민법 153조(기한의 이익과 그 포기)**
> 1. 기한은 채무자의 이익을 위한 것으로 추정한다.
> 2. 기한 이익을 포기할 수 있다. 그러나 상대방의 이익을 해하지는 못한다.

사업자가 있으면 신탁수익권증서 담보로 통상 75~80%까지 가능하다. 개인 신용등급과 소득 및 금융사에 따라서 한도가 달라질 수 있으므로 경매 취하 자금 대출 한도가 얼마인지, 필요경비가 얼마인지 사전에 꼼꼼하게 파악하고 자금여력을 알아둬야 한다. 금융사별 경매 취하 자금 대출 한도 비율과 금리 비교 등을 파악하고 자금을 준비하는 시간을 고려해야 한다.

여러 가지 방법을 모색한 후에도 더 이상 해결 방법이 없을 시 후순위 대출로 자금을 해결하는 방법도 있다. 대출을 받게 되면 기한의 이익과 기한의 이익 포기를 선택할 수 있다. 그러나 이자가 연체 3회 이상이거나 가등기 및 가압류 등 권리 침해가 발생하면 여신거래 기본약관에 기재된 대로 기한의 이익이 상실돼 연체 이자를 물게 된다.

나도 부동산 경매를 꽤 오랫동안 투잡으로 했다. 해당 물건 현장에 임장을 가서 부동산 가격 시세와 월세 그리고 전세금 급매가 등 확인차 현장을 방문해보면 '경매 취하 자금 대출'을 해준다고 여러 대부업체에서 수십 건의 우편물이 수북이 쌓이는 것을 보게 된다. 다음은 부동산 경매 절차다.

부동산 경매 절차

경매 신청 및 경매개시결정 → 채권자 배당요구 증거 결정 및 공고 → 매각기일 지정 및 통지 → 매각기일 → 매각 결정일 → 매각 실시 → 매각 결정 절차 → 매각대금 납부 → 소유권이전등기 등의 촉탁, 인도 명령 → 배당 절차

이런 과정에서 경매 신청 금융기관의 대출 원리금을 대위변제 후 추가로 2순위 근저당권 설정해서 투자하는 경우도 있고, 2순위 근저당권자가 경매 신청 시 2순위 근저당권의 대출 원리금과 비용 대위변제 후 1순위 근저당권까지 대위변제로 고수익이 가능하다.

앞서 말한 물건의 채무자는 공인중개사로 '경매 취하 자금 대출'을 신청했다. 하지만 채무자를 심리적으로 압박하기 위해 '소유권이전청구가등기' 방식으로 후순위 대출 취급했다.

투자자 대위변제 수익 분석이다.

투자금 120,000,000원×24%

=28,800,000원(연 수입 이자)-4,800,000원(4% : 수수료)

=24,000,000원/120,000,000원

=20%(수익률) 월 2,000,000원의 고수익이다.

GPL 후순위 담보대출 내역

물건현황

KB 시세가 ①	500,000,000원	매매가액 (월세가액)	500,000,000원
1순위대출 ② (설정 금액)	290,000,000원(국민은행) (348,000,000원)	**1순위 이율**	연 3.5%
2순위 대출 ③ (설정 금액)	120,000,000원 (180,000,000원)	**2순위 이자**	연 24%
담보비율(LTV) ②+③ / ①	410,000,000원/500,000,000원 =82%	자금용도 채무자직업	경매 취하
담보물 주소	서울시 관악구 B 아파트 102동 5**호 아파트 84.96m² – 2,314세대		

아파트 시세

공급/ 전용면적(㎡) 84.96	매매가액			전세가액		
	하위 평균가	일반 평균가	상위 평균가	하위 평균가	일반 평균가	상위 평균가
	460,000,000	480,000,000	500,000,000	390,000,000	400,000,000	410,000,000

조사방법	□ 자체 조사 : □ 조사업체 : ○○○ 공인중개사 □ 주변여건 : ○○중학교, 초등학교, 국민은행, ○○산공원, K병원
채권보전 방법	▣ 국세납부증명원, 지방세납부증명원, 전입세대열람확인원, 　지방세 세목별 과세증명원, 사실증명원(당해세 체납 여부 확인), ▣ 여신품의서, 대출거래약정서(금전소비대차약정서), 전입세대확인서, 　근저당권 설정계약서, 대위변제신청서, 대위변제동의서, 　개인신용정보활용동의서, 가등기설정계약서, 기타

면적별 시세(106.06/84.96㎡) [평면도]

매매가	**48,000**만 원	해당면적 747세대(총 2,314세대)
전세가	**40,000**만 원	방 3개, 욕실 2개 계단식
월세가	**5,000/120~130**만 원	

구분	매매가	전세가	월세가
상위 평균 시세 최고가	2018.03.19. **50,000**만 원 최고가 대비 현재시세 **0%**(–)	2018.03.19. **41,000**만 원 최고가 대비 현재시세 **0%**(–)	–
하위 평균 시세 최저가	2005.04.18. **24,000**만 원 최저가 대비 현재시세 **91.7%**	2004.02.02. **13,250**만 원 최저가 대비 현재시세 **194.3%**	–

B 아파트 시세 변동 추이

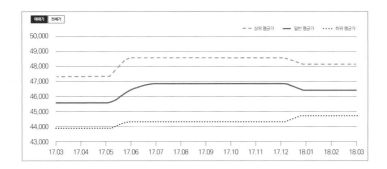

주변단지 유사 면적 대비 시세 비교 (전용면적 60m² 초과~85m² 이하)

(단위: 만 원)

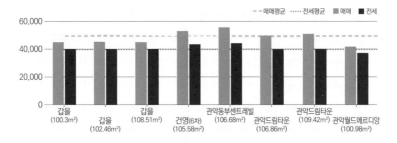

실거래 건수 및 실거래가　실거래가 상세조회

계약월	매매		전세		월세		
	거래금액(만 원)	층수	거래금액(만 원)	층수	보증금(만 원)	월세(만 원)	층수
	50,000	16	37,000	13	29,000	30	17
2018. 03	–	–	40,000	6	–	–	–
	–	–	42,000	1	–	–	–
	–	–	40,000	28	–	–	–

순위 번호	등기목적	접수	등기원인	권리자 및 기타사항
7	4번 가압류 등기말소	2017년 2월 7일 제21723호	2017년 2월 1일 해제	
8	소유권 이전	2017년 3월 21일 제50355호	2017년 3월 21일 신탁	수탁자 국제자산신탁주식회사 110111-■■■■■■ 서울특별시 강남구 ■■■■■로 4층 ■■■■■■■■■■ 신탁 신탁원부 제2017-■■■■호
9	6번 압류 등기말소	2017년 3월 27일 제53506호	2017년 3월 27일 해제	
10	임의 경매 개시 결정	2017년 12월 14일 제238141호	2017년 12월 14일 서울중앙지방법원의 임의 경매 개시 결정 (2017 타경 ■■■■■	채권자 주식회사 국민은행 110111-■■■■■■ 서울 중구 ■■■■로 ■■길 ■■빌딩 ■층 (여신관리센터)

주요 등기사항 요약(참고용)

─ [주의사항] ─

본 주요 등기사항 요약은 증명서상에 말소되지 않은 사항을 간략히 요약한 것으로 증명서로서의 기능을 제공하지 않습니다.
실제 권리사항 파악을 위해서는 발급된 증명서를 펼히 확인하시기 바랍니다.

[집합건물] 서울특별시 관악구 ■■■■ ■■■ ■■■■ ■■■■■ ■■■■ ■■■ 고유번호 1143-■■■■-■■■ ■■■

1. 소유지분현황(갑구)

등기명의인	주민(등록번호)	최종지분	주소	순위번호
국제자산신탁주식회사 (수탁자)	110111-■■■■■■	단독소유	서울특별시 강남구 ■■■■■ ■■ ■ ■■■■■■■■■	8

2. 소유지분을 제외한 소유권에 관한 사항 (갑구)

순위번호	등기목적	접수정보	주요등기사항	대상소유자
10	임의 경매 개시 결정	2017년 12월 14일 제238141호	채권자 주식회사 국민은행	국제자산 신탁주식회사

3. (근)저당권 및 견세권 등 (을구)

순위번호	등기목적	접수정보	주요등기사항	대상소유자
14	근저당권 설정	2015년9월 14일 제252659호	채권최고액 금348,000,000원 근저당권자 주식회사 국민은행	국제자산 신탁주식회사

마윈(馬雲) 알리바바 회장은 "문제가 많은 곳에 가장 큰 기회가
있다. 사방에 분노가 있고 불행이 있으며 불만이 가득할 때 사실
바로 거기에 기회가 있다. 난 기회는 언제나 문제가 되는 곳, 가
장 걱정이 되는 곳에 있다고 늘 확신한다. 나는 다른 사람이 불
평을 하는 소리를 들으면 흥분된다. 기회가 있음을 봤고, 그들을
위해 무엇을 할 수 있을지 고민하기 때문이다"라고 말했다. 걱

정 없는 사람은 없을 것이다. 하지만 걱정에 사로잡혀 있을 때 기회가 있다. 문제에 직면했을 때 해결할 수 있는 능력이나 방법에 따라 얼마나 많은 기회를 얻을 수 있다. 문제는 피해야 할 대상이 아닌, 즐겨 맞이해야 할 대상이라는 것이다.

02 GPL로 일궈낸 경제적·시간적 자유

    최근 한 설문 조사에 의하면 "직장인 10명 중 6명이 재테크를 한다"라고 조사됐다. 직장인들이 가장 관심을 갖는 키워드로 '재테크'와 '취미생활'이 빠질 수 없는 것이다. 바야흐로 취미도 재테크 시대다. 바쁘게 돌아가는 일상 속에서 즐거운 취미 활동은 물론 재테크까지 한 번에 할 수 있다면 얼마나 행복할까?

    최근 카페의 아카데미 5기 강의를 들었던 K씨(49세)는 경매와 NPL 투자를 하고 있다. 경매 투잡이 매각가율이 높아 재미가 없어지자 나의 조언으로 NPL(부실채권) 공부를 시작했는데 이제는 신(新)대위변제 투자와 GPL까지 일거양득의 수익을 내고 있다. 최근 A씨는 경매 투자 자금 5억 원을 GPL에 투자하고 매달 일정한 고수익을 얻는 재미가 쏠쏠하다. 만나 보면 얼굴에 행복이 묻어 있는 눈치다. B씨의 경우 3억 원 투자로 월 600만 원, 연 72,000,000원 수익을 얻는다. K씨는 GPL 대출 금융업에 손대며 재테크로 토요일, 일요일 그리고 잠자는 동안에도 지속적인 고수익을 얻고 있다. 그 사례를 들어보자.

Q 사례 분석 ①

경기 양주시 H 아파트 10**호
대지 37.709㎡/37,954㎡(11.4평), 건물 75.95㎡(23평)
1순위 근저당권 108,000,000원(2015.12.13) H생명
2순위 근저당권 32,500,000원(2015.12.17) ○○상호저축 → A대부 → B대부 대환
3순위 근저당권 19,500,000원(2015.12.17) C대부 → 질권 대출[D대부]

이건 도대체 어떻게 된 상황인가? 2순위 저축은행에서 A대부에 근저당권 설정계약서 채권을 매각하고, A대부는 또 B대부에 매각했다. 그리고 3순위 대출을 C대부가 대출해주고, D대부가 질권 대출을 또 해줬다. 이렇게 하는 이유는 매각가율 94% 이상인 아파트이기 때문이다.

■ 등기부현황 (열람일자:2017-06-30)

접수일자	권리종류	권리자	채권금액	비고 NPL
2006.11.20	소유권	이		전소유자 행열
2015.12.17	근저당	한화손해보험	108,000,000	
2015.12.17	근저당	저축은행 둔산	32,500,000	
2015.12.17	근저당	대부	19,500,000	
2016.12.16	질 권	I스대부	19,500,000	대부근저질권

감정가액이 165,000,000원

1순위 대출 108,000,000원(설정 금액), 대출잔액 90,000,000원

2순위 대출 32,500,000원(설정 금액), 대출잔액 25,000,000원

3순위 대출 19,500,000원(설정 금액), 대출잔액 15,000,000원

1순위, 2순위, 3순위 모두 합한 금액이 160,000,000원(설정 금액)이다.

1순위, 2순위, 3순위 모두 합한 금액이 130,000,000원(잔액기준)이다.

그러므로 매각가율 대비 3순위까지는 무난히 배당받을 수 있다. 이 부동산의 수익률을 분석해보자.

감정가액 165,000,000원, 매각가율 94.02%=155,133,000원

배당표 작성으로 안정성을 확인해보자.

낙찰예상가 155,133,000원-1,650,000원(0순위 경매비용 배당)-108,000,000원(H생명 채권최고액 배당)-32,500,000원(B대부 설정금액 배당금)-12,983,000원(C대부 배당금), 청구금액은 통상 원금+이자+경매비용이다.

왜 GPL(정상채권)인가? 대출일은 2015년 12월 17일이었고, 상환일은 2018년 1월 26일(상환기일은 아직 많이 남아 있다)이었다. 2순위 채권 매입 근저당권 설정계약서를 질권 잡고, 2순위 GPL 대출 유동화 시점은 2017년 10월 중순이었다.

[제2순위 ○○AMC GPL 매입 투자 수익 계산]

GPL 매입 25,694,000원+195,000원(이전 비용)+753,829원(대출 이자)
          =26,642,829원(총 투자금)

현금 투자 6,642,829원= 26,642,829원(총 투자금)-20,000,000원(대출금)

GPL 대출 20,000,000원, 7.559%, 182임. (2017.9.3~2018.03.03/365 = 753,829원)

투자 이익 25,694,000원×34.7%×182/365=4,445,695원-753,829원 =3,691,866원/6,642,829원=55.57%

 과거 5년에서 3년으로 단축된 개인 회생, 파산 등을 신청한다해도 150% 설정했으므로 안전하게 이자를 받다가 개인 회생 폐지 시점에 '별제권'으로 저당권을 실행하면 된다. 법적 절차가종료된 시점에는 선순위 법정대위도 가능하다.

03 경매보다 한발 앞선 NPL, 새롭게 떠오른 GPL 투자

21세기 신개념의 재테크 GPL 투자 유형(B PLAN) 수익률 37.90% 다. 뜨거운 강남 주택 경매는 '넘치는 수요 상승세가 계속'되고 있다. 올해 첫 경매인 서울중앙지법 경매 10계는 매물이 많지 않은 탓인지 강남권 아파트 두 채가 경매에 나왔고, 결과는 두 채 모두 감정가보다 10% 이상 비싸게 입찰가를 적어낸 사람이 최고가로 낙찰됐다.

감정가 7억 7,000만 원인 강남구 개포동 W 아파트 $161m^2$(이하 전용면적)는 이날 첫 경매에서 4명이 경쟁했고, 9억 789만 원에 입찰한 ○씨가 차지했다. 낙찰가율은 무려 118%나 됐다. 또 다른 물건인 도곡동 D 아파트 $85m^2$도 112% 낙찰가율로 주인을 찾았다.

경매 정보업체 지지옥션에 따르면 지난 12월 강남권 아파트의 평균 낙찰가율은 105%나 됐다고 한다. 평균 응찰자는 13.4

명이나 몰려 전월(7.1명)보다 붐볐고, 낙찰률(경매 물건 대비 낙찰
건수 비율)은 77%를 기록해 전월(67%)보다 더 높아졌다. 강남에
서 아파트가 나오면 평균 10채당 7채가 낙찰되고, 모두 감정가
보다 비싸게 팔리고 있다는 이야기다.

2021년 서울 강남 3구 아파트 경매 (주상복합 포함)

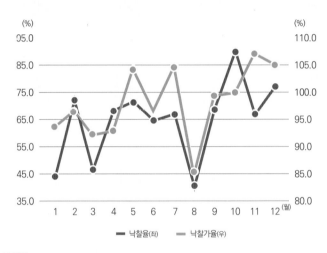

자료: 지지옥션

　　과열됐던 서울 아파트 경매 시장이 지난해 하반기 들어 조금
씩 안정세를 찾는 것과 달리 강남 3구만은 강세가 이어지고 있
다. 강남권 아파트는 경매 시장에서 가장 핫한 블루칩으로 통한
다. 집값 상승 기대감이 가장 큰 지역이어서 전국적인 차원에서
투자 수요가 몰린다. 편리한 생활여건과 국내 최고 수준의 교육

주소 (전용면적)	감정가	낙찰가	응찰자	매물 최저가	낙찰가/ 매물최저가
서초구 방배동 방배래미안 타워 135㎡	100,000	130,400	14	135,000	96.5%
중구 황학동 롯데캐슬베네치아 84.9㎡	59,100	66,900	16	70,000	95.6%
양천구 목동 대원칸타빌 1차 107.3㎡	74,700	83,940	8	90,000	93.3%
성북구 종암동 래미안라센트 60㎡	50,000	54,523	4	58,000	94.0%
서대문구 영천동 독립문 삼호 114.6㎡	68,200	73,730	8	78,000	94.5%
강서구 등촌동 대동황토방 2차 115㎡	58,400	62,500	3	70,000	89.3%
광진구 광장동 동북아스위트힐 84.6㎡	41,900	44,500	1	46,000	96.7%
서대문구 남가좌동 DMC파크뷰자이 121.6㎡	92,600	97,700	13	105,000	93.0%
중랑구 면목동 대원칸타빌 102.6㎡	48,100	48,900	1	50,000	97.8%
동작구 신대방동 캐릭터그린빌 45.9㎡	14,000	14,030	1	16,000	87.7%
동대문구 전농동 전농우성 126.6㎡	46,000	45,800	13	47,000	97.4%

기간 : 2018.05.01.~2018.05.15., 용도 : 아파트(주상복합), 대상 : 낙찰가율 100% 이상, 지역 : 서울

여건 때문에 실수요자도 언제나 줄을 서 대기하고 있다.

전문가들은 강남 아파트에 대한 사람들의 수요가 많아 이런 흐름은 올해도 계속될 것으로 예상한다. 매매 시장에서 나오는 즉시 팔리는 분위기여서 경매로 넘어오는 물건 자체가 적어 희소가치가 더 높아지고 있어서다. 실제 지난해 강남권 아파트 경

매 물건은 223건에 불과해 전년(471건)보다 절반 이상 줄었다. 경매 시장에서 강남권 아파트는 2012년 1,708건 경매 처리돼 정점을 찍은 후 계속 줄고 있다.

이런 우량한 수도권 300세대 이상 물건만 후순위 담보로 대출해서 고수익을 내는 투자법이 있다.

NPL 수익은 최고 지연 이자율 연 17%에 질권 대출과 이전 비용을 제하면 어렵게 채권 매입에 성공하고도 실제 수익은(연 17%-연 6%) 연체 이지에 질권 대출 이자 차이은 11%이다. 게다가 이전 비용 등 기타 비용을 감안하면 10% 정도 수익을 낼 수 있다. 그러나 GPL 투자는 연 24% 수익을 얻을 수 있다. 아파트 2순위 담보를 설정하고 연체가 발생하면 경매 진행하고, 채권 확정시점에 대위변제로 선순위 대위변제해서 더 많은 수익을 창출할 수 있다.

GPL 신(新)대위변제 투자법 [사례 분석] [A-Type]

[물건지 내역]

- 물건지 : 서울시 중랑구 S아파트 1103동 1104호
  아파트 49.77㎡ 대출일 2016.11.01. 상환일 2018.11.01
- 설정 금액 : 211,200,000원(1순위 H캐피탈) 대출잔액 : 176,000,000원[연 14.5%, 연체 17%]
- 설정 금액 : 32,500,000원(2순위 S저축은행) 대출잔액 : 25,000,000원[연 19.0%, 연체 27.7%]
- 감정가액 : 260,000,000원[KB 일반거래가]
- 담보비율(LTV) : (1, 2순위 설정 금액) 236,200,000원/260,000,000원(감정가)=90%
- 채권양수 2순위 25,000,000원, 채권매입 후 GPL 대출 20,000,000원 금리 연 7.559%

[2순위 채권양수 1년 수익 분석] ①

GPL 인수 25,000,000원/금리 연 19%/27.7%
GPL 대출 20,000,000원/금리 연 7.559%

대위변제 GPL 인수 25,000,000원×24.0%=6,800,000원(월 500,000원)-정상 이자
대위변제 GPL 인수 25,000,000원×27.7%=6,925,000원(월 577,083원)-연체 이자
GPL 대출금 25,000,000원(매입 80%), 연 6.5%=1,300,000원(1년 이자)
→ 연체 이자 최고액 27.7%이다. 그러나 2017년 12.22 대출금 채무자가 전액 상환했다.
→ GPL 이자 2017.08.16.~2017.12.22(변제일)=534,307원+196,438원(상환수수료)=880,745원
수입이자 25,000,000원×19%×(2017.08.16.~2017.12.22.)129/365=1,676,767원
순수익금 1,676,767원-880,745원=798,022원/5,880,745원=13.57%(수익률) ①
GPL 채권 25,000,000원+880,745원(금융비용)-20,000,000원(GPL 대출)=5,880,745원
현금 투자 5,880,745원=25,880,745원(총 투자금)-20,000,000원(대출금)
채무자가 대출 원리금 상환하지 않고 연체시켜 '기한의 이익상실' 후 대위변제 시 수익은 크다.

[1순위 법정대위변제 시 수익] ②

대위변제금액 176,000,000원/연 24%/27.9%
대위변제대출 158,000,000원/연 6.4%

대위변제 176,000,000원×(2017.08.16.~2017.12.22.)129/365×24.0%=14,928,857원-수입이자
질권대출 158,000,000원×(2017.08.16.~2017.12.22.)129/365×6.4%= 3,573,830원-지급이자
순수입금 11,354,826원(수입이자 14,928,857원-질권이자 3,573,830원)
총 투자금 180,841,030원=176,000,000원+1,267,200원(이전비용)+3,573,830원(질권이자)
질권대출 158,000,000원
현금투자 22,841,030원(176,000,000원-158,000,000원+1,267,200원+3,573,830원)
순수익금 10,087,872원=14,928,857원-1,267,200원-3,573,830원(질권이자)
수익률 10,087,827원/22,841,030원=44.16%(월 840,652원) → (은행예치이자 38,068원) ②

① 2순위 GPL 매입 후 ② 1순위 법정대위변제 시 수익

총 수입금 10,885,849원 ③=① 798,022원+② 10,087,827원
현금투자 28,721,775원 ④=① 5,880,745원+② 22,841,030원
수익분석 10,885,849원/28,721,775원=37.90%(월 907,154원) → (은행예치이자)47,869원
즉, 현금 28,721,775원 투자하고, 연 수입 10,885,849원/월 907,154원 수익 가능한 GPL 투자법

나는 ○○AMC가 대부업체로부터 2순위 근저당권 25,000,000 원 매입 후 대출을 의뢰하자 경매 낙찰가를 예상해서 선순위 채권을 제하고도 안전하다고 생각했다. GPL 대출 20,000,000원을 받아 500만 원 소액 투자로도 고수익이 가능하다. 2순위 대위변제 후 1순위 대위변제까지 이뤄졌다면 더 큰 수익을 얻을 수 있다. 즉, 앞의 투자 사례와 같이 현금 투자 28,721,775원을 투자하고 연 수입 10,885,849원까지 가능하다.

04 GPL 투자로 시간적·경제적 자유를 얻는 법

경제적 자유로 가는 GPL 투자 수익률(67.02%-A 타입형)이다. 올해 경매 시장 전망은 낙찰가율·낙찰률 하락, 양극화가 심화될 전망이다.

2017년 법원 경매 시장은 주요 경매 지표기록들이 역대 최고치를 기록할 정도로 뜨거웠다. 하지만 올해 경매 시장 전망은 불투명한 상황이다. 대출 문턱이 높아지는 등 경매 참여를 위축시킬 만한 각종 변수가 있기 때문이다.

2018년 경매 시장의 주요 지표인 낙찰가율(감정가 대비 낙찰가 비율)과 낙찰률(경매 진행건수 대비 낙찰건수)이 하락세를 보일 것이며, 고공행진하던 낙찰가가 낮아지고 대출이 어려워져 경매에 뛰어드는 투자자가 급감하면서, 낙찰되는 물건 수도 줄어들 수밖에 없다는 게 전문가들의 분석이다. 한편 서울 강남권·도심과 서울 외곽·지방 간 양극화 현상도 한층 심해질 것으로 내다봤다.

2022년 하반기부터 기준금리 인상 폭이 커지면 변동금리 인상 폭도 커질 수밖에 없다. 결국 하반기부터 부동산 경매 이자 납입 연체자들이 늘어나면서 경매 시장에 내놓은 물건 수가 증가하면서 매각가율은 하락하고 대출 규제로 인해 경락잔금대출 금액이 낮아지거나 부동산 보유세, 종합소득세 세금문제로 입찰 경쟁률도 낮아지면서 역대 가장 낮은 낙찰(매각)가를 기록할 것으로 예측해본다.

낙찰가율·낙찰률 하락

전문가들은 낙찰가율과 낙찰률이 각각 최대 5% 안팎으로 하락할 것으로 전망했다. 특히 일반 투자자들의 참여도가 높은 아파트 등 주거시설 부분에서 이 같은 하락세가 두드러질 것이라는 게 전문가들의 설명이다. 경매 정보업체 지지옥션에 따르면 지난해 평균 낙찰률은 전년 대비 1.0% 포인트 하락한 39.1%를 기록했다. 주거시설의 지난해 평균 낙찰가율은 전년 대비 불과 0.2% 포인트 상승한 87.5%다.

이미 지난해부터 낙찰률과 낙찰가율이 하락세를 보인 만큼, 각종 대출 규제가 적용되는 올해는 하락 기조가 더욱 두드러질 수밖에 없다는 지적이다.

올 4월부터 다주택자 양도세가 시행된 만큼, 이를 회피하기 위한 다주택자의 물량이 얼마나 풀릴지에 따라 주거시설 경매 시장의 흐름이 좌우될 것이다. 낙찰률은 이미 40% 선을 붕괴한 만큼 하락세가 지속될 것이다.

세금 폭탄을 피해 급매물이 많이 나오게 되면 낙찰가율도 소폭 하락 조정될 것이다. 일반 주택 시장의 매수 심리를 예의 주시할 필요가 있다. 경매 시장 물량이 늘어나는 하반기에는 낙찰가율과 낙찰률의 하락폭이 더 커질 수 있다.

서울 도심·강남권 vs 서울 외곽·지방 양극화

지난해부터 나타난 '지역별 경매 시장 양극화 현상'도 가속화될 것이라는 전망이다. 여러 물건에 투자하기보다는 수요가 많아 수익성을 기대할 수 있는 '똘똘한 한 곳'을 낙찰받아야 한다는 인식이 높아졌기 때문이다. 아파트값 등의 상승률이 높은 서울 강남 3구를 향한 쏠림이 더욱 두드러질 수밖에 없다는 해석이다. 실제로 지난 2022년 2월, 서울 강남 3구(서초·송파·강남) 아파트 경매 물건을 사기 위해 뛰어든 평균 응찰자는 6.4명을 기록한 반면, 강남 3구를 제외한 서울 외곽에 위치한 아파트 응찰자는 3.9명에 불과하다.

아무래도 수요가 많은 서울 도심이나 강남권에 위치한 주택보다는, 수요가 많지 않은 수도권 외곽의 연립·다세대나 지방 주택의 하락폭이 클 것으로 보인다. 몸값이 높은 서울 주요 지역 경매 물건에는 대출 규제에서 자유로운 고액 투자자들의 발길

이 더 집중될 것이라는 전망이다.

이런 여러 가지 규제와 양도세 중과세 보유세 등 영향을 받지 않는 안정적인 신개념 투자처인 GPL과 P2P 유동화 순환구조 투자법이 신개념 재테크로 떠오르고 있다.

P2P 대출은 대출자와 투자자를 온라인 플랫폼으로 연결해주는 서비스로, 돈을 빌리려는 사람이 중개 업체를 통해 대출을 신청하면 불특정 다수 투자자가 십시일반 방식으로 돈을 빌려주는 방식이다.

정부가 추정한 P2P 대출잔액은 지난해 6월, 969억 원에서 지난해 말 3,106억 원으로 대폭 늘었을 만큼 가파른 성장세다. 일부 P2P 대출은 온라인에서 플랫폼을 제공하는 P2P 업체가 100% 자회사로 대부업체를 별도 설립해 자금을 조달하고 대출 실행하는 형태로 운영되고 있다. 현재 금융감독원이 추정하는 P2P 대출 겸업 대부업체는 150여 개 정도다.

'대부업등의등록및금융이용자보호에관한법률' 개정 시행령과 감독규정에 의해서 대부업자는 올 3월부터 금융위원회에 등록해야만 영업할 수 있다. P2P 대출에 투자하거나 P2P 대출을 이용하려면 해당 업체의 등록 여부를 면밀히 확인해야 한다. 유예기간 중에는 등록 대부업체 통합조회 시스템을 통해 확인할 수 있다. 업체의 등록 여부를 확인하려면 금감원 금융소비자 정보포털 '파인(http://fine.fss.or.kr)'에서 '등록 대부업체 통합 조회'

를 이용하면 된다.

P2P의 장점은 높은 수익률, 안전한 투자처, 그리고 법정대위로 더 높은 수익과 수익률을 기대할 수 있다. 금융위는 또 기존 대부업과 P2P 대출업의 특성 차이를 고려해 P2P 대출업체에게는 총 자산한도 적용을 완화하고 있다. 기존 대부업체는 총 자산을 자기자본 10배 이내로 운영해야 하지만, P2P 대출업체는 대출 채권을 모두 자금 제공자에게 넘길 경우 해당 규제를 적용받지 않는다. 대출자와 투자자를 연결해주는 역할만 하는 P2P 업체 입장에서는 대출 채권으로 얻는 수익이나 신용위험이 없기 때문이다.

단점은 예금자 보호 적용대상이 아니다. 그리고 금융 사각지대로 불법 자행이 있을 수도 있다. P2P 대출 업체는 온라인상에서 돈이 필요한 사람과 돈을 빌려주는(투자하는) 사람을 중개해주는 형태라 금융 회사가 아니라 통신판매업자로 분류된다. 업태는 인터넷으로 옷을 파는 쇼핑몰과 다를 바 없지만, 실제 하는 일은 금융 회사다. 금융 당국은 이들을 금융 회사의 테두리 안에 넣기 위해 연계 회사로 대부업체를 두도록 했다. 대부업체가 저축은행이나 캐피탈 회사에 비해 설립이 가장 쉽기 때문이다.

이에 DK 자산관리대부 및 키움캐피탈이 랜딩펀딩을 구축해서 GPL 및 P2P 유동화 순환법 그리고 신대위변제 투자로 저금리 시대 새로운 투자처로 인기를 끌고 있다.

GPL 신(新)대위변제 투자법 [사례 분석] [B-Type]

[물건지 내역]

- 물건지 : 경기도 양주시 B아파트 102동 100*호
  아파트 76㎡, 28평형, 건물 35㎡(11평)
- 설정 금액 : 52,000,000원(1순위 우리은행) 대출잔액 = 40,000,000원[연 14.5%, 연체 17%]
- 설정 금액 : 67,500,000원(2순위 ○○대부) 대출잔액 : 45,000,000원[연 24.0%, 연체 34.7%]
- 감정가액 : 153,000,000원, 국세청 실거래가 176,000,000원
- 담보비율(LTV) : (1, 2순위 설정 금액) 119,000,000원/153,000,000원(감정가)=77%
- 대위변제 : 2순위 45,000,000원, 채권매입 후 GPL 대출 40,500,000원 금리 연 6.5%

[2순위 대위변제 1년 수익 분석] ①

GPL 인수 45,000,000원/금리 연 24%/34.7%
GPL 대출 40,500,000원/금리 연 6.5%

대위변제 GPL 인수 45,000,000원×24.0%=10,800,000원(월 900,000원)-정상 이자
대위변제 GPL 인수 45,000,000원×34.7%=15,615,000원(월 1,301,250원)-연체 이자
GPL 대출금 40,500,000원(매입금 90%), 연 6.5%-2,632,500원(1년 이자)
→ 연체 이자 최고액 27.9%이다. 그러나 대출 당시 34.7% 과거 약정금리 연체 이자 받음
GPL 채권 45,000,000원+405,000원(이전비용)+2,632,500원(질권이자)=48,037,500원
현금투자 7,537,500원=48,037,500(총 투자금)-40,500,000원(대출금)
수입이자 7,762,500원=10,800,000원(연 수입)-2,632,500원(GPL 이자)-405,000원(이전비)
수익분석 7,762,500원=(1년 순수익)/7,537,500원(현금투자)=102.98%(수익률) ①

[1순위 법정대위변제 시 수익] ②

대위변제금액 42,383,561원/연 4.5%/17%
대위변제대출 38,000,000원/연 6.5%

대위변제 40,000,000원×14.5%=5,800,000원(월 483,333원)-이자(기간별 연체 이자)
대위변제 40,000,000원×17.0%=6,800,000원(월 566,666원)-최고 연체 이자 청구 시
대위변제 40,000,000원+2,383,561원(변제일까지 이자)+312,000원(이전비용)+2,470,000원
　　　　(대위변제 대출 이자)
총 투자금 48,037,500원
현금투자 10,037,500원=48,037,500원(총 투자금)-38,000,000원(대위변제 질권대출)
질권대출 38,000,000원=(연 6.5%, 연 이자 2,470,000원-대위변제 질권대출 연 이자)
수익금액 4,018,000원=6,800,000원-2,470,000원(질권대출 연 이자)-312,000원(이전비용)
순수익금 4,018,000원/10,037,500원=40.02%(월 334,833원) → (은행예치이자 16,729원) ②

① 2순위 GPL 매입 후 ② 1순위 법정대위변제 시 수익

총 수입금 11,780,500원 ③=① 7,762,500원+② 4,018,000원
현금투자 17,575,000원 ④=① 7,537,500원+② 10,037,500원
수익분석 11,780,500원/17,575,000원=67.02%(월 수입 981,708원) → (은행예치이자)19,634원
즉, 현금 17,575,000원 투자하고, 연 수입 11,780,000원/월 981,708원 수익 가능한 GPL 투자법

이 사례는 2순위 근저당권을 채권으로 매입 후 내가 2순위 근저당권을 질권 설정하고 GPL 대출(유동화 순환 대출)을 해준 상황의 수익 분석이다. AMC 박대표에게 "소액이고 돈도 많이 버는 분이 이렇게 소액 대출을 받냐?"라고 묻자 그는 이렇게 말했다.

"하하, 모르시는 말씀입니다. 이 바닥은 돈이 돈 버는 구조로 돼 있습니다. 그래서 유동화시키면 시킬수록 더 많은 돈을 법니다."

이 글을 읽는 독자가 이 말을 이해했다면 GPL 유동화 순환 투자 구조를 이해한 것이고, 무슨 뜻인지 모르고 아직 글을 읽고 있다면 다시 한 번 앞으로 가서 글을 읽기를 권한다.

05 재테크 툴이 다르면 수익률도 달라진다

최근 서울 아파트값이 급격히 오르면서 시세보다 감정가가 크게 낮은 로또 아파트들이 잇따라 법원 경매에 등장하고 있다. 시세보다 최대 6억 원 이상 낮은 감정가가 매겨진 단지도 나오는데, 낙찰금액에 따라 억대 차익을 보거나 제값 다 주고 낙찰받는 경우가 될 수도 있다.

부동산 업계에 따르면 강남권 재건축 단지인 서울 송파구 신천동 장미 1차 아파트 전용면적 $141m^2$가 16억 5,000만 원에 마지막으로 거래된 이후 매물이 사라졌고, 지금은 17억~17억 5,000만 원을 호가한단다. 하지만 감정가는 이보다 한참 낮은 10억 4,000만 원에 그친다.

감정가가 최근 실거래가를 반영하지 못한 것은 감정평가 시기와 실제 매각기일 간 벌어진 시차 때문이다. 보통 법원의 경매개시결정 이후 한 달 안에 감정평가가 이뤄지고 이후 6개월

안에 매각기일이 잡혀 경매가 시작되는데, 감정평가가 끝난 이후 여러 이유로 인해 매각기일이 나중에 잡히면서 가격차가 생긴 것이다.

법원 경매에서 한번 감정평가가 진행되면 채무자나 채권자가 다시 요청하지 않는 이상 재감정이 이뤄지지 않는다. 반면 지난 몇 년간 서울 아파트값이 크게 오르면서 아파트 매매시세는 많게는 몇 억 원씩 급등한 상황이다.

감정가가 시세보다 크게 낮다고 해서 숫자로 보이는 차익이 낙찰자에게 고스란히 돌아가리란 보장은 없다. 최근 법원 경매에서 서울 아파트 물건이 워낙 인기가 많아 고가낙찰이 이뤄지는 경우도 빈번하다.

지난해 11월 진행된 첫 번째 경매에서 바로 주인을 찾은 서울 용산구 이촌동 한가람 아파트 전용면적 115m^2가 그런 예다. 감정평가가 진행돼 당시 시세와 비슷한 9억 3,000만 원에 감정가가 매겨졌고 최저 매각가 기준이 됐지만, 막상 경매에선 7명이 뛰어들면서 무려 감정가보다 5억 원 가까이 높은 14억 원에 낙찰됐다. 지난해 4분기 실거래가인 13억 4,800만~14억 4,000만 원과 비슷한 수준이다.

작년 2월 신건으로 나온 서울 서초구 반포동 한신 서래 아파트 전용면적 65m^2도 감정평가가 2013년 7월 진행돼 당시 시세 수준인 5억 7,000만 원에 감정가가 책정됐지만, 무려 50명이 응찰하는 과열 경쟁 탓에 감정가의 133.7%인 7억 6,216만 원에 주인을 찾아갔다. 실거래가(8억 2,500만 원)보다는 낮은 가격에 낙찰됐지만, 감정가보다 2억 원이나 비싼 값에 주인을 찾은 경우다.

아파트값이 급등하기 전에 감정가가 낮게 책정된 물건이라 하더라도, 과잉 응찰 등의 변수가 낙찰가에 크게 영향을 미친다. 권리분석이나 주변 시세와 실거래가를 반드시 확인하고, 낮은 감정가가 반드시 큰 차익을 보장한다는 기대는 접어두는 것이 낙찰 가능성을 높이는 방법이다.

이런 우량한 아파트만 담보로 잡고 대출하는 GPL 후순위 대출이 인기가 높다. 왜냐하면 설정 금액 대비 담보비율 85~90% 또는 대출금 잔액기준 85~90%로 대출이 이뤄지기 때문이다. 또한 매각가율이 97%가 넘는 300세대 이상의 서울 경기 지역 아파트만 담보로 잡는다. 나도 여러 건을 적극적으로 GPL 투자를 하려고 결정했으나 채무자가 고민을 계속해서 대출을 받지 않는 경우도 허다하다. 투자자보다 채무자의 딜레마가 더 크다는 말이다. 결국 설정 기준이 아닌 대출 기준으로 대출을 해야 자서를 하는 경우도 많다.

부동산 등기법 제5조에 의하면 '부기등기는 주등기에 따른다'라고 표기 돼 있다. 우리나라는 공시주의 원칙에 의해서 부동산 담보물에 대해 법적인 권리를 인정받으려면 '등기'라는 절차가 필요하다. 그 방식에 따라 (근)저당권, 근질권, 신탁등기 등으로 등기부등본에 표시가 된다. 근저당권 설정은 흔히 은행들이 대출을 하면서 담보를 설정하는 방식으로 가장 널리 쓰인다.

채권자는 대출의 부실이 발생할 경우 미리 설정한 근저당권에 기해 담보물에 대한 경매를 법원에 신청할 수 있으며, 경매 배당금에 대해 다른 채권자에 우선해 변제를 받게 된다.

담보 신탁은 주로 건축자금 대출에 쓰이는 담보설정 방식으로 신탁등기를 통해 소유권 자체를 신탁사로 이전하게 된다. 채권자는 신탁계약상 우선수익권자가 돼 담보권을 확보하게 되며, 부실 발생 시 공매나 수의계약 등을 통해 담보를 처분할 수 있다. 신탁사가 실시하는 공매의 경우 법원의 경매에 비해 진행기간이 짧다. 대출기간 소유권을 신탁사에 이전함에 따라 당해세를 제외한 대출자의 세금 체납 등에 따른 압류로부터 담보가 보호되는 장점이 있다. 담보 신탁 상품에서 한 가지 주의해야 할 점은 1순위가 아닌 우선수익권자의 경우 대부분 공매에 대한 권리를 확보하지 못한다는 점이다. 이 경우 부실이 발생해도 담보 처분을 통한 환가를 진행할 수 없는 치명적인 문제가 있을 수 있다.

근질권 설정은 앞에서 설명한 근저당권이나 담보 신탁의 우선수익권에서 파생되는 권리다. 주로 여신회사 등이 가지고 있는 담보채권을 유동화하는 경우 사용된다. 원대출계약 채권자인

근저당권자가 자신이 가지고 있는 근저당권을 담보로 재대출받는 것이며, 근저당권자는 원채무자의 채무이행과 별개로 질권대출 계약에 대해 최종적으로 책임을 지게 된다. 근질권 설정의 경우도 채권자는 대출 부실이 발생하면 근저당권자와 마찬가지로 법원 경매를 통해 채권을 회수할 수 있다.

채권보존을 위한 담보설정 방식별 차이점도 다양하다

예를 들면 소유권이전가등기와 담보가등기 혼용으로 연체 발생 시 매매로 채권을 회수하기 위한 유저당 특약을 맺어 매도용 인감증명서와 무상거주확인서를 받아 안전한 투자 채권을 보전조치한다. 그리고 국세, 지방세 납부증명서, 부가가치세 납부증명서, 기한의 이익 상실에 대한 자필 서명 및 금융기관 대출 유무를 파악하기 위해서 '금융거래확인서'로 개인 회생 가능한 채무자의 채권을 심사한다. 즉 대출이 많은 고객, 개인 회생이나 기업 회생 프리워크아웃(이자 유예, 및 원금 유예), 신용 회복자를 간접적으로 선별할 수 있는 채권 심사를 진행한다.

대출금의 150% 설정으로 2,000~5,000만 원 미만 소액 후순위 대출은 더 수익률이 높아진다. 솔직히 대출금이 연 24%다 보니 투자자들이 오히려 빨리 대출금을 상환하는 경우가 많다. 그러나 새롭게 발표된 정부의 발표나 금감원 대부업에 대한 제제 조치는 '경매 유예'나 '원금 유예' 시 안정적으로 150% 범위 내 더 많은 수익을 낼 수 있다.

　신용회복복지제도(信用回復福祉制度)는 금융 채무 불이행자의 경제적 재활을 돕기 위한 제도다. 금융기관이 개인이나 개인 사업자 중 협약 등에서 규정하는 일정한 요건을 갖춘 채무자에게 상환 기간 연장, 분할 상환, 이자율 조정, 변제 기간 유예, 채무 감면 등의 채무 조정 수단을 지원한다.

　개인 회생면책을 알지 못하는 분들은 빚 독촉에 시달리거나 통장 압류까지 걸리고 감당하기에 힘든 상황이 오게 되면 마음 고생 하시는 분들이 많을 것이다. 신용회복이란 신용회복 자격 개인 회생절차가 개시되면 채무자에게 가해지던 강제집행, 가압류, 가처분 등이 중지되며, 담보권의 설정이나 실행을 위한 경매도 금지된다.

　개인 회생의 장점은 첫째, 생활비를 제외하고 5년(60개월) 동안 성실 납부자는 90% 빚 탕감이 가능하다. 둘째, 사채 및 개인 대부자금도 포함하는 모든 채무가 대상이다. 셋째, 채권자의 독

구분	사적 지원제도	법원 지원제도	
	개인워크아웃	개인회생	개인파산
운영주체	신용회복위원회	법원	
시행시기	2002년 10월	2004년 9월	1962년 1월
대상 채권자	협약가입 2개 이상 금융기관	사채 포함 제한 없음.	
채무범위	3억 원 이하	담보채무는 10억 원/ 무담보채무는 5억 원	제한 없음.
대상 채무자	3개월 이상 연체자 최저생계비 이상 소득자	급여소득자/ 영업소득자	소득이 없거나 가족 수에 비해 소득이 적은 사람
채무조정	변제기간은 8년 이내 원금감면은 안 됨.	변제기간 5년 이내 청산 시보다 변제액 많을 것.	청산 후 면책
법저인 효력	사적으로 조정	변제계획에 따른 변제 완료 시에 면책됨.	먼책허가 사유가 없을 경우 면책
신용정보 처리	연체정보 해제 및 특수기록정보 등록		
장점	-신청절차가 간단한 편이고 비용이 적게 든다. -금융기관이 직접 참여하므로 정차가 잘 이뤄짐.	-채무액 범위가 넓고 사채도 포함됨. -청산 시보다 변제액이 많기만 하면 원금감면도 가능. -법적으로 면책이 되므로 강력함.	
단점	-신청대상자의 요건이 까다로운 편이고 채무금액이 제한적, 원금감면이 어려움. -사채에 대한 조정은 불가능.	-개인파산의 경우 면책이 되기 전까지는 파산선고의 불이익이 있음. -면책불허가사유 해당여부가 불투명함.	

촉 및 추심 범위(가압류, 압류, 강제집행)가 금지된다. 넷째, 임원으로 재직하거나 공무원, 교사 등은 자격이 유지된다. 다섯째, 재산보유가 가능하다.

개인 회생의 단점은 첫째, 도박이나 과다한 낭비가 인정되는 경우 면책사유가 안 된다. 둘째, 5년(60개월) 동안 성실 납부가 이뤄지지 않을 시 무효가 된다. 셋째, 부동산 근저당권이 살아 있는 경우 '별제권'으로 저당권이 실행될 수 있다.

신용회복 자격으로 변제인가가 결정되면 GPL 투자자는 어떻게 하면 될까?

개인 회생을 신청하고 개시결정이 난다면 채권자들은 불법추심과 변제청구 등의 행사를 할 수 없다. 채무자는 자신의 월 소득금액에서 일정 법정생계비를 제외한 나머지 모두를 채무변제하게 되며, 이를 5년간 지속하게 되면 남은 모든 채무는 탕감 받게 되는 제도다.

그러나 GPL 투자자들은 법원에 손을 써서 법 '집행정지기간'을 좀 더 빨리 제도권 안으로 끌어들이든지 또는 이자를 일부 탕감해주는 방법을 사용할 수 있다. 또한 고객과 합의 계약으로 개인 회생에 대한 '별제권' 신청으로 저당권을 실행해서 더 빨리 회수할 수도 있고 1~2년 동안 지속적인 이자를 받는 방법도 있다.

신용회복 신청자가 지속적으로 연체 없이 변제안 대로 60개월(5년)이 경과 후 면책을 받으면 금융권 연체기록, 신용불량 기록이 모두 삭제돼서 예전처럼 사회생활하기에 전혀 문제가 없으며, 안정적인 경제생활이 가능하게 된다. 그러나 근저당권 설정자는 담보권에 대해서 별도로 별제권 행사로 저당권을 실행해서 원리금을 회수하면 된다.

1. 신용회복복지제도

금융 채무 불이행자의 경제적 재활을 돕기 위한 제도다. 금융기관이 개인이나 개인 사업자 중 협약 등에서 규정하는 일정한 요건을 갖춘 채무자에게 상환 기간 연장, 분할 상환, 이자율 조정, 변제 기간 유예, 채무 감면 등의 채무 조정 수단을 지원한다.

2. 개인파산제도

개인파산제도의 주된 목적은 모든 채권자가 평등하게 채권을 변제받도록 보장함과 동시에, 채무자에게 면책절차를 통해서 남아 있는 채무에 대한 변제 책임을 면제받아 경제적으로 재기·갱생할 수 있는 기회를 부여하는 것이다. 이 제도는 성실하지만 불운하게도 과도한 채무를 지게 돼 절망에 빠지고 생활의 의욕을 상실한 채무자에게는 좋은 구제책이 될 수 있다.

파산 및 면책은 자신의 채무를 정상적인 방법으로 변제하기가 어렵거나, 다른 채무조정방법(프리워크아웃, 개인워크아웃, 개인 회생 등)에 따라 일부 변제가 가능하지 않은 경우 신청할 수 있다. 신용불량자가 아니라도 신청할 수 있다. 파산 및 면책 신청부터 면책 여부의 결정까지는 통상적으로 약 5~6개월이 소요되는데, 처리기간은 파산선고 전 심문여부, 재판부의 사정 등에 따라 늘어나거나 줄어들 수 있다.

3. 파산선고의 불이익

파산선고가 내려지면 채무자는 파산자가 되고, 파산자는 공사법상의 제한, 경제활동의 제한, 불이익의 제거를 감수해야 한다. 이러한 불이익은 파산자 본인에게 한정되고, 가족 등 다른 사람에게는 아무런 불이익이 없다.

① 공사법상의 제한
- 사법상 후견인, 친족회원, 유언집행자, 수탁자가 될 수 없다(다만 권리능력, 행위능력 및 소송능력은 제한받지 않음).
- 공법상 공무원, 변호사, 공인회계사, 변리사, 공증인, 부동산 중개업자, 사

립학교 교원, 건축사 등이 될 수 없다(다만 대통령, 국회의원, 지방자치단체장의 선거권 및 피선거권은 계속 보유).

– 상법상 합명회사, 합자회사 사원의 퇴사 원인이 된다.

– 주식회사, 유한회사와 위임관계에 있는 이사의 경우 그 위임관계가 파산선고로 종료돼 당연히 퇴임된다(※ 회사의 사규나 취업규칙에 파산선고를 받는 것이 당연 퇴직 사유로 규정돼 있는지 확인 필요).

– 파산관재인이나 채권자 집회 요청 시 파산 관련 설명 의무가 있다. 이유 없이 설명을 안 하거나, 허위 설명을 하는 때에는 형사처벌 대상이 되고, 이는 면책불허가 사유에 해당한다.

② 경제활동의 제한

파산선고 결정이 확정되면 파산자의 신원증명업무를 관장하는 등록기준지 시·구·읍·면장에게 파산선고 사실이 통지되고, 신원증명서에 신원증명사항의 하나로 기재돼(가족관계등록부에 등재되지 않음) 각종 금융거래와 취직 등에 있어서 불이익을 받는다.

③ 불이익의 제거

전부면책결정이 확정되면 불이익은 모두 소멸하고, 파산자의 신원증명업무를 관장하는 등록기준지 시·구·읍·면장에게 면책결정 확정사실이 통지돼, 파산선고를 받은 사실이 신원증명사항에서 삭제된다.

※ 채무자가 파산선고를 받았다고 하더라도, 채권자는 자신의 채권을 행사하는 데 아무런 제약을 받지 않는다. 채권자는 소송을 제기하거나 변제를 독촉할 수 있으며, 채무자의 재산에 대한 가압류, 압류, 경매 등 집행행위도 아무런 제약 없이 행할 수 있다. 채무자는 파산선고를 받은 후 진행되는 면책절차에서 면책결정까지 받아야 비로소 채무로부터 해방될 수 있다.

4. 개인워크아웃

개인워크아웃은 신용회복지원제도 중의 하나로 채무조정이 필요한 과중채무자를 대상으로 채무감면, 분할상환, 변제기 유예 등 채무조정을 통해 경제적으로 재기할 수 있도록 지원하는 업무(주관기관 : 신용회복위원회)다.

5. 채무조정(Debt settlement)

개인워크아웃은 채무조정이 필요한 과중채무자에게 연체 이자 전액 감면, 상환기간 연장 등의 채무조정을 통해 금융채무불이행정보 해제 및 안정적 채무상환을 지원하는 제도다. 원금분할 상환방식으로 원금상환이 완료되면 이행이 종료된다. 원칙적으로 원금은 감면되지 않으나 상각채권(채무자의 상환 능력이 없거나 회수가 불가능한 채권으로 분류)의 경우 최대 50%, 사회소외계층은 60~70% 감면이 가능하다.

① 지원대상
- 연체 기간이 90일 이상 경과
- 총 채무액 15억 원(담보채무 10억 원, 무담보채무 5억 원) 이하

② 지원내용
- 연체 이자 및 이자 감면
- 원금은 채무성격에 따라 최대 50%, 사회소외계층인 경우 최대 70%까지 감면

③ 장점
- 신청 다음 날부터 채권금융 회사의 추심, 법적절차 등이 중단
- 협약에 가입된 금융 회사의 모든 채무를 통합해서 조정(대부업체, 자산관리회사 등도 대부분 협약가입)
- 사적조정제도이기 때문에 신속한 결정(동의율 98%)
- 공인인증서를 통한 인터넷 신청 가능

④ 성실 상환자 인센티브
- 12개월 이상 납부 후 일시 상환을 하는 경우 상환 시점에 따라 조기상환 인센티브 적용, 채무잔액 추가 감면
- 신용회복위원회 확정 시 등재됐던 공공정보를 신용정보관리 규약에 의거 삭제
- 12개월 이상 성실히 변제계획 이행 중 긴급하게 생활안정자금, 학자금 및 기타 긴급자금이 필요한 경우 무담보, 저금리(2~4%)로 대출 지원

⑤ 기타
- 세부지원방법 및 요건은 보유재산, 소득수준 등에 따라 다르게 적용될 수 있음.
- 개인워크아웃 지원 대상에 포함되지 않아 법적구제신청이 불가피한 경우 개인 회생 개인파산(면책) 무료지원(개인 회생 파산신청서, 변제계획안, 진술서 등 무료 작성 지원, 송달료, 인지대를 지원받을 수 있도록 법률구조공단 신청 대행, 신용상담보고서 무료 지원).

대출 금액이 과다하고 신용등급이 좋지 않은 신용회복신청이 예상되는 채무자는 신탁 및 담보 가등기로 처리해서 신용회복을 예방할 수도 있다. 이런 제도를 이용해서 GPL(정상채권) 후순위 대출은 환금성과 안정성, 수익성 면에서 새로운 재테크의 툴(TooL)이라고 할 수 있다.

🔍 사례 분석

GPL 신(新)대위변제 투자법 [사례 분석] [C–Type]

[물건지 내역]

▣ 물건지 : 서울시 ○○구 L아파트 107동 801호
　　　　아파트 49.77㎡, 대출일 2016.10.31, 상환일 : 2018.10.31
▣ 설정 금액 : 153,000,000원(1순위 농협) 대출잔액 : 127,500,000원[연 14.5%, 연체 20.0%]
▣ 설정 금액 : 55,500,000원(2순위 P2P 대출) 대출잔액 : 37,000,000원[연 24.0%, 연체 34.9%]
▣ 감정가액 : 210,000,000원[KB 일반거래가]
▣ 담보비율(LTV) : (1, 2순위 설정 금액) 208,500,000원/210,000,000원(감정가)=99%
▣ 담보비율(LTV) : (1, 2순위 설정 금액) 164,500,000원/210,000,000원(감정가)=78%[잔액기준]
▣ 채권양수 2순위 37,000,000원, 채권매입 후 GPL 대출 33,000,000원 금리 연 6.5%

[2순위 채권양수 1년 수익 분석] ①

GPL 인수 37,000,000원/금리 연 19%/27.7%
GPL 대출 33,000,000원/금리 연 6.5%

채권매입 GPL 인수 37,000,000원×19.0%=7,030,000원(월 585,833원)−정상 이자
채권매입 GPL 인수 37,000,000원×27.7%=10,249,000원(월 854,083원)−연체 이자
GPL 대출 33,000,000원(매입금 90%), 연 6.5%=2,145,000원(1년 이자)
순수익금 10,249,000원−2,145,000원=8,104,000원/6,478,000원=125.10(수익률) ①
총 투자금 37,000,000원+333,000원(이전비용)+2,145,000원(질권이자)=39,478,000원
현금 투자 6,478,000원=39,478,000원(총 투자금)−33,000,000원(대출금)
채무자가 대출 원리금 상환하지 않고 연체시켜 '기한의 이익상실' 후 대위변제 시 수익은 크다

[1순위 법정대위변제 시 수익] ②

대위변제금액 127,500,000원/연 14.5%/20.0%
대위변제대출 114,000,000원/연 6.5%

대위변제 127,500,000원×365/365×14.5%=18,487,500원−수입이자
질권대출 114,000,000원×365/365×6.5%= 7,410,000원−지급이자
순수입금 11,077,500원(수입이자 18,487,500원−질권이자 7,410,000원)
총 투자금 135,828,000원=127,500,000원+918,000원(이전비용)+7,410,000원(질권이자)
질권대출 114,000,000원, 연 6.5%=7,410,000원
현금투자 21,828,000원=(135,828,000원−114,000,000원)
순수익금 10,159,500원=18,487,500원−918,000원−7,410,000원(질권이자)
수익률 10,159,500원/21,828,000원=46.54%(월 846,625원) → (은행예치이자 36,380원) ②

① 2순위 GPL 매입 후 ② 1순위 법정대위변제 시 수익

총 수입금 18,263,500원 ③=① 8,104,000원+② 10,159,500원
현금투자 28,306,000원 ④=① 6,478,000원+② 21,828,000원
수익분석 18,263,500원/28,306,000원=64.52%(월 1,521,958원) → (은행예치이자)47,176원
즉, 현금 28,306,000원 투자하고, 연 수입 18,263,500원/월 1,521,958원 수익 가능한 GPL 투자법

이 채권도 소액 투자로 고수익을 낸 사례다. 원금 37,000,000원의 2순위 근저당권을 GPL 채권 매입 후 GPL 대출 33,000,000원을 유동화 대출해줬다. 해당 부동산의 낙찰예상가로 선순위 근저당채권최고액을 배당하고도 내가 소속된 금융기관의 손실이 없는 안전한 아파트 물건이었기 때문이다. 템코 대부업체를 인수한 AMC는 연체시점에 선순위(1순위) 대위변제 목적으로 이 채권을 매입했다.

06 자산배분 고수익 성과보수, 로보 어드바이저 투자법

나는 Sh은행 PB로서 150억 원을 가진 고액 자산가 이○○ 회장님(71세)의 자산관리를 해주고 있다. 현금으로 30어 원을 은행에 예치하고 있다. 50대에는 현금으로 고이율 투자처에 투자해 돈을 굴렸다. 현금 30억 원을 바로 융통할 수 있는 사람을 '슈퍼 리치'라고 부른다. 인천 송도 신도시에 거주하는 이 회장님은 거주 목적 근린상가 주택 외에 임대 수익을 위한 주거용 오피스텔과 소형 아파트 10채, 20년 전 투자한 목장 용지 등 토지로 큰 이익을 보고 있다. 그리고 인천 남동공단에 평당 150만 원을 주고 매입했던 공장용지에 건물을 짓고, 월 1,500만 원의 공장 임대 수익을 내고 있다. 이곳은 15년이 지난 지금 평당 500만 원으로 가격이 올랐다. 부자들은 오늘 돈을 써도 쓴 돈의 3~10배가 수익으로 들어오는 로보 어드바이저 구조를 갖추고 있다.

고향 친구 한 명이 인력센터 9개를 운영하면서 많은 현금을 확보하고 있었다. 그는 금 10억 원을 매입해서 투자하고 있다고 자랑했다. 이 친구에게 GPL 투자를 권했는데 이제는 금보다는 GPL 투자를 하는 게 낫다고 생각하고 투자를 하고 있으며, 수익률이 인력센터보다 낫다고 만족해하고 있다.

평균 100억 원이 넘는 고액자산 자산가들은 돈을 어떻게 굴리고 얼마나 쓸까? 〈한국의 부자 리포트〉가 나왔다. 이들은 평균 120억 원이 넘는 자산을 보유하고 있으며, 최소 10명 중 7명꼴로 거주용 주택 외에 2개 이상 투자용 부동산이 있다. 절반 이상은 정부의 다주택자 규제책에도 부동산을 팔 계획이 없다. 우리나라엔 이런 부자가 20만 7,600명(2016년 기준, 글로벌 컨설팅업체 캡제미니 조사)이 있다. 전체 국민 1,000명 중 4명꼴이다.

KEB 하나은행과 하나금융연구소는 부자의 자산관리 형태·소비습관을 조사한 '2018 코리안 웰스 리포트(Korean Wealth Report)'를 발간했다. '부자'는 금융자산을 10억 원 이상 가진 사람이다. 하나은행은 이들 중 PB 상담을 받은 808명을 대상으로 한 설문을 바탕으로 보고서를 작성했다. 이들 부자의 자산 규모는 평균 120억 6,000만 원이었다. 투자처로는 부동산을 금융자산보다 선호했다. 자산 중 부동산이 차지하는 비중은 50.6%로 금융자산(43.6%)보다 높았다.

한편 부자들 중 68.5%가 거주용 주택 외에 2채 이상 주택 또는 상업용 부동산을 투자용으로 보유하고 있었다. 이미 보유하고 있는 투자용 부동산 중에서는 중소형 아파트 비중이 가장 높았고, 오피스텔, 대형 아파트가 뒤를 이었다. 상업용 부동산으로는 상가·건물 비중이 가장 높았다.

부자들은 매달 평균 1,059만 원을 쓰고 있는 것으로 나타났다. 이는 통계청이 조사한 일반가계 평균 지출(336만 원)의 약 3.2배에 달하는 수치다. 지난해 부자들의 씀씀이는 2016년보다 10% 늘었지만 같은 기간 일반가계는 1.7% 줄었다.

시역별로 월 평균 부자들의 씀씀이는 강남 3구가 가장 컸다. 특히 지방 '알부자'가 씀씀이를 가장 빠르게 늘렸다. 월 평균 지출액은 강남 3구 1,140만 원, 지방 1,084만 원, 강남 이외 서울지역 975만 원, 수도권 946만 원이었다. 지방의 지출액은 2016년보다 20%나 늘어났다. 더불어 부자들 사이에서는 젊게 사는 노년층인 '액티브시니어'가 대세로 자리 잡은 모양새다. 연령대별 지출을 보면 60대가 1,174만 원으로 가장 많았다. 뒤이어 70대 이상이 1,080만 원, 50대 1,003만 원, 40대 868만 원순이었다.

한편 은퇴자금으로 부자들은 44억 5,000만 원 규모의 자금이 필요한 것으로 나타났다. 이는 통계청이 발표한 국민 전체의 필요 노후자금(11억 6,000만 원)의 4배에 가까운 수치다. 이들 부자 중 절반 이상(58.9%)은 자녀 등에게 사전증여를 하지 않겠다고 했다. 이유로는 '본인의 금전적 문제'가 16.8%로 가장 많았는데 '자신의 생활패턴을 유지하기 위해 부자들도 불안감 속에서 노후를 준비하고 있다'라는 게 하나금융연구소의 분석이다.

그러나 나는 퇴직 후 이런 고민과 문제점을 해결해줄 자산배분 고수익 성과보수 로보 어드바이저 투자법 GPL 투자 D 플랜(Plan), GPL(정상채권) 아파트 후순위 대출을 정보로 나눠주고 싶다.

🔍 사례 분석

대출 원금 1억 1,000만 원의 2순위 근저당권을 채권으로 매입 후 2순위 근저당권 설정계약서를 담보로 유동화시켜 다른 물건에 또 투자해서 고수익을 얻고 있다. 이 채권도 물론 대위변제 목적이다. 현재 2순위 대출 이자는 연 24%, 연체 이자는 연 27.9%이다. 저축은행에서 받던 이 이자를 대부업체에 매각하고, 이 채권을 대부업체로부터 GPL로 매입해서 안정적인 고수익 이자를 받고 있다.

1순위 대출이 이자 연체가 3회 이상 되거나 이 부동산에 (가)압류 또는 가등기 등 다른 사람이 전입이 되고 '기한의 이익 상실' 시점에 1순위 피담보채권이 확정되면 대위변제로 1순위 대출금의 연체 이자까지 받을 목적이다. 하지만 서울에 있는 지속적인 상승세가 있는 이 아파트를 포기하지는 않을 것이다. 현재는 정상적인 이자를 소급적용 받지 않고 대출 취급 당시 약정 금리로 잘 받고 있다.

GPL 신(新)대위변제 투자법 [사례 분석] [D-Type]

[물건지 내역]

- ▣ 물건지 : 서울시 ○○구 E아파트 13동 1103호
  아파트 49.77㎡, 대출일 2017.09.30, 상환일 : 2019.09.30
- ▣ 설정 금액 : 1,225,200,000원(1순위 우리) 대출잔액 : 1,021,000,000원(연 14.5%, 연체 17.0%)
- ▣ 설정 금액 : 165,000,000원(2순위 L대부) 대출잔액 : 110,000,000원(연 24.0%, 연체 27.9%)
- ▣ 감정가액 : 1,200,000,000원[KB 일반거래가]
- ▣ 담보비율(LTV) : (1, 2순위 설정 금액) 1,131,000,000원/1,200,000,000원(감정가)=94%
- ▣ 당초 2순위 아파트 담보 2순위 대출 110,000,000원, 담보(소유권이전)가등기 담보대출

[2순위 채권양수 1년 수익 분석] ①

GPL 대출 110,000,000원/금리 연 24%/27.9%
GPL 대출 99,000,000원/금리 연 14%

담보대출 110,000,000원×24.0%=26,400,000원(월 2,200,000원)-정상 이자
담보대출 110,000,000원×27.9%=30,690,000원(월 2,557,500원)-연체 이자
GPL 대출 99,000,000원×14.0%=13,860,000원(월 1,155,000원)-지급이자
순수익금 30,690,000원-13,860,000원=16,830,000원/11,000,000원=153%(수익률) ①
총 투자금 110,000,000원+990,000원(이전비용)+13,860,000원(질권이자)=124,850,000원
현금 투자 25,850,000원=124,850,000원(총 투자금)-99,000,000원(대출금)
채무자가 대출 원리금 상환하지 않고 연체시켜 '기한의 이익 상실' 후 대위변제 시 수익은 크다.

[1순위 법정대위변제 시 수익] ②

대위변제금액 1,021,000,000원/연 14.5%/17.0%
대위변제대출 918,000,000원/연 6.5%

대위변제 1,021,000,000원×365/365×14.5%=148,045,000원-수입이자
질권대출 918,000,000원×365/365×6.5%=59,670,000원-지급이자
순수입금 88,375,000원(수입이자 148,045,000원-질권이자 59,670,000원)
총 투자금 1,088,021,200원=1,021,000,000원+7,351,200원(이전비용)+59,670,000원(질권이자)
질권대출 918,000,000원, 연 6.5%=59,670,000원-지급이자
현금투자 170,021,200원=1,088,021,200원(총 투자금)-918,000,000원(질권대출)
순수익금 81,023,800원=148,045,000원-7,351,200원(이전비용)-59,670,000원(질권이자)
수익률 81,023,800원/170,021,200원=47.6%(월 6,751,983원) → (은행이자 283,368원) ②

① 2순위 GPL 매입 후 ② 1순위 법정대위변제 시 수익

총 수입금 111,713,800원 ③=① 30,690,000원+② 81,023,800원
현금투자 195,871,200원 ④=① 25,850,000원+② 170,021,200원
수익분석 111,713,800원/195,871,200원=57.03%(월 9,309,483원) → (은행예치이자)326,452원
즉, 현금 195,871,200원 투자하고, 연 수입 111,713,800원/월 9,309,483원 수익 가능한 GPL 투자법

Chapter 03

100세 시대, 퇴직에 당당히 맞서는 수익형 부동산 GPL 투자

01 금쪽같은 노후자금을 귀하게 키우는 GPL 투자

　과거에는 성수기와 비수기를 따져 투자했는데 최근 정책 변화가 심화되고 잦은 규제로 공실 등 시장 보는 눈을 키워야 한다. 부동산 시장은 상승과 조정을 반복한다. 이에 따라 정부도 규제 완화와 강화를 되풀이한다. 이런 규제와 정책에 영향을 받지 않는 투자가 있다면 얼마나 좋을까? 원금 보장, 안정성, 환금성, 게다가 수익률까지 보장하는 투자처를 소개할까 한다.

[대부법인 GPL 투자 수익 분석]

투자금 200,000,000원×19.0%=38,000,000원(정상 이자 1년)

투자금 200,000,000원×24.0%=48,000,000원(최고 이자 1년)

수수료 200,000,000원×4.0%=8,000,000원(모집수수료(3%) 및 심사수수료
(1%) 1번)

정상 이자 38,000,000원(정상 이자 1년)-8,000,000원(수수료)=30,000,000원

수익 분석 30,000,000원/200,000,000원=15%(월 2,500,000원)-정상 이자

연체 이자 48,000,000원(정상 이자 1년)-8,000,000원(수수료)=40,000,000원

수익 분석 40,000,000원/200,000,000원=연 20%(월 3,333,333원)-연체 이자,
은행에 맡기면 1년 이자 4,000,000원, 월 333,333원(세전)이자보다 10배
가 높다

[유동화 순환 투자 수익률 분석]

유동화 200,000,000원×90%=180,000,000원, 현금 투자 20,000,000원

투자금 180,000,000원×19%= 34,200,000원(정상 이자 1년)-수입 이자

투자금 180,000,000원×8%=14,400,000원(○○저축은행 유동화 대출 이자)

투자금 180,000,000원×4%=7,200,000원(모집인수료(3%) 및 심사수수료(1%))

순이익 12,600,000원=34,200,000원(연 이자)-14,400,000원(이자)-7,200,000원

총 이익 42,600,000원=30,000,000원+12,600,000원

수익률 42,600,000원/220,000,000원=19.36%, 월 이자 3,550,000원

물건현황

소재지	경기도 수원시 R아파트 6302동 16**호						
면적	㎡	평	평형	세대수	입주년월	종류
건물	120.97	36.6	48평형	629	2012.02	아파트
대지	78.438	23.7				

시세현황

KB 시세

(단위 : 만 원)

기준월	매매가			전세가		
	하위 평균가	일반 평균가	상위 평균가	하위 평균가	일반 평균가	상위 평균가
2018.01	76,500	80,750	82,250	56,500	58,000	59,500

국토부 실거래 (면적 : 동평형)

거래종류

매매	2017.12	(층)	2017.12	(층)	2018.01	(층)
	81,000	13	80,800	17	80,500	30
전세	2017.02	(층)	2017.05	(층)	2017.06	(층)
	59,000	16	58,000	17	57,000	12

낙찰사례

매각기일	2017.08.11
낙찰가	769,999,999
동호수	6302동 1901호
응찰수(명)	3명

투자 기간	1년
투자 금액	200,000,000
투자 금리	연 19%

대출현황

(단위 : 원)

감정가	선순위 대출잔액	채권최고액	기준 LTV	유효 담보가	당사 대출금액	당사 LTV
805,000,000	429,000,000	514,800,000	83%	239,150,000	200,000,000	78.1%
	우리			※ 선순위 실대출 원금으로 적용함.		

기타의견

1. 지하철 S선 K역 북동측 약 750m 위치함.
2. 인근 대규모 아파트단지 형성됨.
3. 평형 다소 크나 시세 지속적으로 상승 추세여서 현재 매물 없는 상태임.

과거의 낙찰 사례를 보면 769,999,999원이다. 이 물건의 하한가는 765,000,000원, 일반가 807,500,000원, 상한가 822,500,000원이므로 GPL 투자는 안전하다고 볼 수 있다.

02 저금리 시대, 예금 금리보다 10배 높은 고수익 투자

　Sh은행, 자산관리사(PB)로서 상담하다 보면 고객이 가장 원하는 수익률은 연 6~7% 이상이고, 부동산 임대 수익률, 정기예금의 3배 정도 되는 수익에 원금 손실 위험이 없는 상품이다. "수익률이 조금 낮아도 원금은 보장됐으면 좋겠다"라고 하시는 안정형 투자자들은 50대 이상이다. 하지만 하이리스크 하이리턴(High Risk-High Return)처럼 기대수익이 높으면 투자 위험도 그만큼 커진다. 원금 손실 위험을 회피하려면 금리가 낮아도 정기예금 상품에 가입해야 한다.

　사실 요즘 고작 2%대 수익률을 제공하는 은행 예·적금이나 이율이 조금 더 높은 저축은행의 경우 영업정지 또는 파산으로 원금 5,000만 원 범위 내에서 보전된다. 하지만 높은 수익을 얻기 위해서는 리스크를 감수해야 한다. 투자를 하기 전에는 먼저 나의 투자 성향을 파악하고 그에 맞는 상품을 가입해야 한다.

원금 손실도 감수할 공격형 투자자인지, 원금을 보장받고 싶어 하는 안정형 투자자인지, 원금 보장을 기본으로 수익도 바라는 중립형 투자자인지 개개인마다 투자 성향은 다르다. 보통 안정형, 안정추구형, 위험중립형, 성장추구형(적극투자형), 성장형(공격형)의 5가지로 나눠진다.

첫째, 안정형은 예·적금 수준의 2%대 수익률을 기대하며 원금 손실을 피하는 지극히 보수적인 투자자들을 말한다. 둘째, 안정추구형 투자자는 원금 손실 위험을 최소화 하고자 한다. 안정적인 투자를 목표로 하지만 예·적금보다는 높은 수익을 위해 단기적인 손실을 수용하고 자산 일부를 위험상품에 투자할 의향이 있다. 셋째, 위험중립형 투자자는 투자 수익에 상응하는 투자 위험의 존재를 상당 부분 인식하고 있으며, 다소 높은 수익을 달성할 수 있다면 손실 위험을 감수할 수 있는 투자자다. 넷째, 성장추구형 투자자는 주식과 채권의 혼합형 상품으로 자산의 대부분을 구성하며, 보통 가장 많은 투자자가 여기에 해당된다. 성장추구형은 원금보전보다는 투자 수익을 추구한다. 투자 자금의 상당 부분을 주식이나 주식형 펀드 등의 위험자산에 투자한다. 고수익에는 높은 위험이 수반된다. 하지만 유동성 확보를 위해 자산의 일부를 환금성이 높은 상품에 예치하며, 채권형 상품을 병행하기도 한다. 다섯째, 성장형 투자자다. 이 투자자의 성향은 시장평균수익률을 훨씬 뛰어넘는 고수익을 추구하며, 이를 위해 자산 가치 변동에 따른 손실 위험을 적극 수용하는 성향을 말한다. 투자 자금의 대부분을 주식, 주식형 펀드 또는 파생상품 등의 위험자산에 적극 투자한다.

투자 상품에 대한 위험자산비중 비율은 '100 마이너스(-) 자신의 연령' 법칙을 참고하면 된다. 예컨대 50세 직장인이라면 100에서 나이 50을 뺀 50% 주식형 등 투자 자산에 투자할 수 있다. 70세 은퇴자라면 30%만 손실 위험이 있는 자산에 투자하고, 나머지 70%는 안전한 자산에 배치하는 게 바람직하다. 반면 30세 직장 초년생이라면 재테크 가능 자산의 70% 위험자산에 투자해 기대수익을 높여야 그 연령 때의 재무목표 달성이 가능하다. 전문가 입장에서 볼 때도 정기적인 소득이 있고, 그 소득 또한 비교적 빠르게 증가할 것이며, 장기적으로 투자 가능한 나이이므로 어느 정도 위험을 가지고 적극적으로 투자해서 가능한 단기에 목돈을 만드는 것이 중요하다.

마지막으로 계란을 한 바구니에 담지 말라는 포트폴리오 분산 투자를 기억하자. 모든 계란이 한데 담겨 있거나 썩은 사과가 한 바구니에 담겨 있다면 옆에 있는 사과도 같이 썩어 먹지 못하고 버리게 된다. 각자의 상황과 투자 성향에 따라 비중은 다를 수 있지만 자신의 자산을 주식과 채권, 부동산 등에 분산해서 보유한다면 경기변동과 같은 시장 전체의 체계적 위험은 피할 수 없어도, 개별 위험인 비체계적 위험은 상당 부분 제거할 수 있다.

다음은 2,000만 원 투자 시 어느 정도 고수익이 가능한지 확인해보자. 이 부동산의 매각가율은 85.49%이다.

시세 140,000.000원×85.49%=119,000,000원

1순위 연체 이자를 연 6.5% 이상 받아가지 못하므로 GPL 후순위 대출자는 더 안전하다. 2,000만 원 후순위 아파트 담보대출 투자 후에는 매달 400,000원을 받는다. 한편 다른 투자법으로 생각해보사.

1년 수익 분석 20,000,000원×24%=4,800,000원
수수료 첫 회 20,000,000원×4%=800,000원
연 수익 분석 4,800,000원-800,000원=4,000,000원/20,000,000원
              =20%(수익률)

또 다른 경우를 생각해보자.

1년 수익 분석 20,000,000원×24%=4,800,000원
수수료 첫 회 20,000,000원×4%= 800,000원
연 수익 분석 4,800,000원/20,800,000원(20,000,000원(투자금)+800,000원
              (4% 수수료))=23%(수익률)

GPL 후순위 담보대출 내역

물건현황

KB 시세가①	130,000,000원	매매가액 (월세가액)	12,500만 원~13,500만 원 (1,000/40)
1순위대출② (설정 금액)	84,000,000원(농협은행) (100,800,000원)	1순위 이율	연 3.5%
2순위 대출③ (설정 금액)	20,000,000원 (30,000,000원)	2순위 이자	연 24%
담보비율(LTV) ②+③ / ①	104,000,000원/130,000,000원 =80.00%	자금용도	
담보물 주소	경기도 평택시 ○○동 K아파트 107동 4**호		
면적	공용	67.99㎡	21평형	전용	53.58㎡	16평
세대수	562세대	매각가율(최근 3개월)		85.4%

아파트 시세

공급/ 전용면적(㎡) 67.99/ 53.58	매매가액			전세가액		
	하위 평균가	일반 평균가	상위 평균가	하위 평균가	일반 평균가	상위 평균가
	125,000,000	130,000,000	140,000,000	10,000,000	11,000,000	120,000,000
실거래가	계약월	매매가액	층수	계약월	매매가액	층수
	2018.04	140,000,000	5	2018.01	132,000,000	4
조사방법	☐ 자체조사 : ☐ 조사업체 : ○○ 공인중개사 ☐ 주변여건 : ○○초등학교, ○○중학교, ○○공원						
채권보전 방법	■ 국세납부증명원, 지방세납부증명원, 전입세대열람확인원, 지방세 세목별 과세증명원, 사실증명원(당해세 체납 여부 확인), ■ 여신품의서, 대출거래약정서(금전소비대차약정서), 전입세대확인서, 근저당권 설정계약서, 대위변제신청서, 대위변제동의서, 개인신용정보활용동의서, 가등기설정계약서, 기타						

03 소액 투자로 노후 걱정 없는 GPL 투자법

　나는 자산관리 강의를 하면 저축보다는 절약에 관한 이야기를 강조한다. 우리 부모님들은 아끼고, 검소함을 몸소 실천하셨던 분들이었다. 그러나 그렇게 한다고 곧바로 부자가 되는 일은 없다. 하지만 4차 산업시대에 맞는 고차원적인 사고방식과 재테크 툴(Tool)은 저성장 저금리 시대에서 벗어나게 해줄 것이다.

　과거 은행 금리(1년 정기예금)가 30%인 적도 있었고, 20%였던 적도 있었다. 하지만 현재 은행 정기예금은 연 2%대 초반, 정기적금은 연 3%대로 턱걸이하고 있다. 1억 원의 정기예금이 있어도 한 달에 16만 원의 금리 수입만 얻을 수 있다. 물론 절약하는 습관으로 새는 돈은 막을 수 있을 것이다. 하지만 큰 부자가 되려면 투자 성과가 높은 투자처를 선택해야 한다. 예를 들어 10만 원을 주고 사야 할 물건을 9만 원으로 해결했다면 10% 수익률을 높인 결과가 된다. 이것이 한 달 사이에 일어난 일이라면 연 이율로 120% 수익을 올린 결과가 된다. 리스크를 헤지하고 고수익을 낼 수 있는 금융상품이 있다면 최고의 상품일 것이다. 자산관리에 있어서 자신이 위험을 감수한 만큼 그 대가를 얻는다. 그 리스크를 감수하면서도 상응하는 대가를 얻기 위해서 돈과 시간, 노력을 투입하는 것을 우리는 '투자'라고 한다. 투자에는 위험이 따른다. 우리는 리스크를 줄일 수 있고 위험을 관리할 수도 있다.

금리나 주가가 어떻게 움직이든 상관없는 가장 확실한 자산 운용 상품을 소개하고자 한다. 이 상품의 투자자는 감압지 및 잉크젯 용지 등을 취급하는 투자자다. 배우는 것을 좋아하시는지 오전에 소액 갭 투자 등 2개의 과목을 듣고, 내가 강의하는 VIP 실전반에서도 열정적으로 참여하시는 분이다.

[대부법인 GPL 투자 수익 분석]

투자금 80,000,000원×21.0%=16,800,000원(정상 이자 1년)

투자금 80,000,000원×24.0%=19,200,000원(연체 이자 1년)

수수료 80,000,000원×4.0%=3,200,000원(모집인수수료(3%) 및 심사수수료(1%) 1번)

정상 이자 16,800,000원(정상 이자 1년)-3,200,000원(수수료)=13,600,000원

수익 분석 13,600,000원/80,000,000원=17%(월1,133,333원)-정상 이자①

연체 이자 19,200,000원(정상 이자 1년)-3,200,000원(수수료)=16,000,000원

수익 분석 16,000,000원/80,000,000원=연20%(월1,333,333원)-연체 이자

[유동화 순환 투자 수익률 분석]

투자금 72,000,000원×21.0%=15,120,000원(정상 이자 1년)-연 수입 이자

유동화 80,000,000원×90%=72,000,000원, 현금 투자 8,000,000원

투자금 72,000,000원×8%= 5,760,000원(○○저축은행 유동화 대출 이자)

투자금 72,000,000원×4%=2,880,000원(모집인수수료(3%) 및 채권 심사수수료(1%))

순이익 6,480,000원=15,120,000원(연 수입)-5,760,000원(질권 이자)-2,880,000원②

총 이익 20,080,000원=13,600,000원①+6,480,000원②

수익률 20,080,000원/88,000,000원=22.81%, 월 이자 1,673,333원

은행에 맡기면 1년 정기예금이자는 2%다. 은행 이자는 월 146,666원(세전)이다.

물건현황

소재지	서울시 양천구 W아파트 101동 15**호					
면적	㎡	평	평형	세대수	입주년월	종류
건물	58.159	17.6	24평형	86	2001.08	아파트
대지	24.2151	7.3				

시세현황

KB 시세

(단위 : 만 원)

나홀로 아파트로 세대수가 얼마 안 돼 이 평형은 시세 없음.

기준월	매매가			전세가		
2018.02	하위 평균가	일반 평균가	상위 평균가	하위 평균가	일반 평균가	상위 평균가

N포털 시세

거래	확인일자	매물명	면적(㎡)	동/층	매물가(만 원)	연락처
전세	2018.02.27	W아파트	78/58	101동 15/15	33,000	M공인중개사

국토부 실거래 (면적 : 동평형)

거래종류

매매	2017.11	(층)	2017.11	(층)	2018.01	(층)
전세	2017.11	(층)	2017.11	(층)	2018.01	(층)

낙찰사례

매각기일			투자 기간	1년
낙찰가	사례 없음.		투자 금액	80,000,000
동호수			투자 금리	연 21%
응찰수(명)			수수료	4%

대출현황

(단위 : 원)

감정가	선순위 대출잔액	채권최고액	기준 LTV	유효 담보가	당사 대출금액	당사 LTV
390,000,000	231,000,000	277,200,000	83%	92,700,000	80,000,000	79.7%
	H해상			※ 선순위 실대출 원금으로 적용함.		

기타의견

1. K고등학교 북동측 약 400m 위치함.
2. 주변 나홀로 아파트, 다세대, 근생 등 혼재함.
3. 동평형 매물 약 4억 원 초반으로 부동산 우선 확인함. 시세 감안 채권회수 무리 없을 것으로 판단됨.

04 초일류 거부를 만든 부자 DNA, 슈퍼 리치들도 탐내는 수익형 부동산

초일류 거부(巨富)를 만든 부자 DNA가 있다. 슈퍼 리치 중에는 부모 잘 만난 덕에 나면서부터 초특급 삶을 누린 가업승계형도 있고, 온전히 자신의 능력과 노력으로 새로운 부를 창출한 자수성가형도 있다. 또 타인의 땀과 눈물 위에 부를 쌓아 올린 부호도 있다. 부를 축적한 방식과 과정은 다르지만, 그들은 모두 주어진 것에 안주하지 않았다는 공통점이 있다.

퍼스널컴퓨터(PC) 시대의 도래와 함께 모두가 컴퓨터 하드웨어 분야에서 기회를 잡으려고 안달할 때, 빌 게이츠(Bill Gates)는 독특하게 운영체제(OS)로 눈을 돌렸다. 그가 세계 최고 부호로 군림할 수 있었던 배경이다.

세계 최고 부호 중 하나인 카를로스 슬림(Carlos Slim)은 1980년대 멕시코의 모라토리엄(지불유예) 선언 이후 당시 위기가 일시적일 것으로 판단하고, 헐값에 나온 기업들을 인수함으로써

거대한 부의 발판을 만들었다. 베르나르 아르노(Bernard Ar-nault) 루이비통 모에 헤네시(LVMH) 회장의 명품 제국은 역설적이게도 명품 시장의 대중화를 통해 구축됐다.

누가 '슈퍼 리치'인가?

'슈퍼 리치(Super Rich)'는 20세기 경제학자이자 언론인인 페르디난드 룬드버그(Ferdinand Lundberg)가 1968년에 출간한 《부자와 슈퍼 리치 : 돈의 역학 연구(The Rich and the Super-Rich : A Study in the Power of Money Today)》에서 처음 언급한 개념이다.

최근엔 '울트라 리치(Ultrarich)'라는 용어까지 등장했지만, 사실 슈퍼 리치에 대한 명확한 개념 정의는 돼 있지 않다. 얼마나 재산이 많아야 '부자' 축에 낄 수 있으며, 또 어느 정도로 부를 쌓아야 슈퍼 리치의 대열에 합류할 수 있는지, 사전적 또는 학술적으로 약속된 정의는 없다는 이야기다.

부호, 갑부, 거부, 자산가, 백만장자 등 부자를 가리키는 단어도 많고, 부자를 정의하는 방법도 많다. 가령 드라마 〈시크릿 가든〉의 주인공인 젊은 백화점 재벌 김주원(현빈 분)은 부자란 '매일 매분 매초 국내외 통장 잔고가 불어나기 때문에, 자기 통장에 얼마가 들어 있는지 모르는 사람들'이다. 미국의 석유 재벌인 진 폴 게티(Jean Paul Getty)도 "자신이 가진 돈을 셀 수 있는 부자는 진정한 부자가 아니다"라고 부자에 대해 이와 비슷한 정의를 내렸다.

부자 중의 부자를 지칭할 때 많이 통용되는 단어로는 백만장자(Millionaire)와 억만장자(Billionaire)를 꼽을 수 있다. 실제 사전을 찾아보면 백만장자는 '재산이 매우 많은 사람, 아주 큰 부자', 억만장자는 '헤아리기 어려울 만큼 많은 재산을 가진 사람'이라고 정의돼 있다.

득히 두 단어는 단어 자체에 구체적인 부의 기준을 세우고 있기 때문에 부자를 정의하기에 가장 유용하다. 백만장자는 100만 달러, 100만 유로, 100만 원과 같이 각 국가 통화 단위별로 100만(Million) 이상을 보유한 사람을 뜻한다. 이대로 해석하면 백만장자는 통상 미화 100만 달러, 우리 돈으로 약 11억 원을 가진 사람들이 되고, 억만장자라고 하면 10억 달러, 대략 1조 원대의 자산가가 된다. 그러나 억만장자는 그렇다고 하더라도 최소한 우리나라나 미국과 같은 나라에서 100만 달러(11억 원) 자산가를 부자를 상징하는 '백만장자'라고 부르는 것은 다소 무리가 있지 않을까?

아무튼 세계 슈퍼 리치의 동향을 추적하는 보고서들이 사용하는 잣대는 백만장자 또는 억만장자다. 컨설팅 업체 캡제미니(Capgemini)가 발표하는 〈세계 부자 보고서(*World Wealth Report*)〉는 백만장자를 기준으로 삼는다. 부동산 등을 제외하고 투자 가능한 금융자산만 100만 달러 이상을 보유한 사람을 '고액 순자산 보유자(HNWI : High Net Worth Individuals)'로 분류한다. 이러한 HNWI 인구는 1,100만 명으로 파악된다(2011년 기준). 전 세계 인구의 대략 0.15%에 해당하는 수치다.

미국의 경제저널 〈포브스(Forbes)〉는 상장기업 주식부터 비상장기업 투자 지분, 보유 부동산, 현금성 자산, 심지어 요트나 미술품 같은 고가 수집품까지 망라해 10억 달러 이상의 재산을 가진 거부들을 대상으로 1987년 이래 해마다 '세계 억만장자(The World's Billionaires)리스트'를 작성하고 있다. 여기에 해당하는 슈퍼 리치는 시간의 흐름에 따라 증가하는 추세이나 아직 전 세계 1,226명(2012년 기준)에 불과하다.

사실 100만 달러라면 몰라도 10억 달러는 어지간한 사람들에게는 가늠조차 하기 어려운 어마어마한 돈이다. 그래도 슈퍼 리치라고 한다면, 보통의 부자를 한참 뛰어넘는 수준이어야 누구라도 동의할 수 있을 터이기에 부자 피라미드의 상층부에서도 가장 꼭대기에 해당하는 억만장자를 기준으로 삼았다.

나는 Sh은행 PB로서 이러한 고액 자산가와 슈퍼 리치를 많이 만난다. 그들의 성공법칙은 정해져 있었다.

채무자는 내가 아래 물건을 대출해준 고객이다. 따님은 감정평가사이고, 사위는 S전자에 다닌다. 현재 고시원 5개, 원룸텔을 3개 소유하고 있는 슈퍼리치다. 다음은 서울 관악구에 위치한 K타워 2층 201호, 202호 고시원 대출을 취급한 내용이다.

고시원 201호, 건물 대 97.66/1014.6㎡
고시원 202호, 건물 대 103.8/1014.6㎡
룸 58개 고시원 월 매출액 15,870,000원-3,466,300원(고정지출비)
                                    =12,403,700원
고정지출 세부내역 총 3,466,300원

총무 인건비	관리비	수도 (2달에 한 번)	인터넷	잡비 (쌀, 김치, 라면)	도시가스	쓰레기봉투 및 세제 등
700,000원	260,000원	423,200원	248,900원	370,000원	538,280원	200,000원

연 매출액 12,403,700원×12월=148,844,400원-26,600,000원(연 이자)
                                    =122,244,400원

고시원 운영 현황 확인서

- 고시원 명 : ○○ 하우스 고시원
- 주   소 : 서울특별시 관악구
- 사업자번호 : 395-30-***13
- 수입지출 현황(월 금액으로 환산)
  총 수입 : 월 임대료 15,870,000원
  총 지출 : 인터넷 외 3,466,300원
  당기순이익 : 12,403,700원

○○게스트 하우스 고시텔 입실 현황

[입실률(92%) : 입실 호실 수(49)/총 호실 수(53)×100]

No	호실	입실인	입실날짜	입실료	NO	호실	입실인	입실날짜	입실료
1	102	김○○	16.05.02	250,000	24	201	박○○(총무)	16.11.20	0
2	103	주○○	17.01.05	250,000	25	202	이○○	16.04.21	340,000
3	104	김○○	16.08.18	240,000	26	203	유○○	17.12.22	340,000
4	107	박○○	17.05.28	400,000	27	204	서○○	10.09.05	400,000
5	108	이○○	16.11.12	400,000	28	205	하○○	17.12.31	380,000
6	109	이○○	17.09.03	380,000	29	206	위○○	10.11.10	400,000
7	111	임○○	16.01.06	400,000	30	207	김○○	17.12.31	380,000
8	112	홍○○	15.11.14	350,000	31	208	이○○	18.01.03	400,000
9	113	이○○	16.06.28	390,000	32	209	이○○	17.03.06	400,000
10	114	안○○	16.09.01	370,000	33	210	이○○	16.03.05	400,000
11	115	손○○	17.01.06	400,000	34	211	홍○○	16.11.30	400,000
12	116	이○○	15.07.15	400,000	35	212	조○○	15.12.10	400,000
13	117	김○○	16.07.25	400,000	36	213	손○○	16.12.20	400,000
14	118	정○○	17.12.20	400,000	37	214	김○○	15.09.05	370,000
15	119	박○○	17.12.20	280,000	38	215	송○○	13.08.19	300,000
16	121	이○○	15.06.15	250,000	39	217	김○○	16.12.20	270,000
17	122	이○○	16.02.24	250,000	40	218	표○○	17.03.27	250,000
18	123	장○○	15.11.01	250,000	41	220	이○○	16.11.20	300,000
19	124	최○○	15.07.06	270,000	42	221	최○○	16.12.26	290,000
20	125	박○○	15.10.28	270,000	43	222	한○○	16.12.20	250,000
21	126	최○○	17.01.20	250,000	44	223	최○○	16.09.03	250,000
22	127	송○○	16.08.24	250,000	45	224	전○○	17.01.03	250,000
23	128	정○○	16.12.20	250,000	46	225	최○○	15.06.30	250,000
					47	227	이○○	16.03.28	280,000
					48	228	손○○	16.03.19	270,000
					49	229	조○○	17.05.13	250,000
					50	230	강○○	16.02.04	300,000
소계	23건			7,350,000	소계	26건			8,520,000
총계					**49건**				**15,870,000**

상기 사실이 틀림없음을 확인합니다.

2018년 월 일

○○게스트 하우스 고시텔 대표자 안 ○ ○ (인)

입주계약서 [102호]

성 명	김○○ 성별 : 남 / 여	주민등록번호	-
주 소	전남 장흥군 ○○읍		
연락처	자택 :	직장/학교	
	핸드폰 : 010- -	보호자 연락처	010 - -
입실경로	소개 / 인터넷( ) / 전단지 / 기타( )		
최초 입실일	2016년 5월 2일	예상입실기간	2016년 7월 3일
입실료	25만 원	예약금	5만 원

본인은 안전하고 쾌적한 실내 분위기 조성을 위해서 아래 규정된 준수사항에 적극 협조하겠으며, 위반 시에는 환불 불가, 퇴실 및 귀원의 어떠한 조치에도 이의를 제기하지 아니하겠음을 확약합니다.

1. 본인은 입실계약 및 아래 규정을 제3자에게 양도하지 않겠음을 약속합니다.
2. 본인의 계약 최소기간은 선불 1개월로 하며, 사용기간 이후에 단기 연장 시 입실료는 1일 미니룸은 1.2만 원, 원룸은 1.5만 원입니다. 입실료는 환불받을 수가 없습니다.
3. 본인은 매월 계약 만료 최소 5일 전, 연장 또는 퇴실 여부를 사무실에 통보할 것이며, 입실기간이 경과한 경우에는 본인이 자동 연장한 것으로 간주하겠습니다.
4. 본인은 정당한 사유 없이 입실료를 미납하고, 장기 부채 3일 이상 계속되는 경우 관리자에 의한 객실 개방을 허용하며, 객실 내부에 방치된 모든 물건은 관리자가 폐기 처분하더라도 더 이상 민형사상 포함 및 일체 이의를 제기하지 않겠습니다.
5. 본인은 공공장소 특성상 관리실장의 준수사항과 각종 의무사항에 협조할 것이며, 이에 따르지 않을 시 환불 없는 퇴실조치에 더 이상 이의를 제

기하지 않겠습니다.

6. 본인은 1(2인실)인 1실을 원칙으로 합니다. 또한 관리실장의 허가 없는 외부인의 출입/이성 동행은 어떤 이유를 불문하고 절대 금지를 원칙으로 함에 동의합니다.

7. 본인은 원룸텔에서 유무상으로 제공한 열쇠, 공용물품, 시공시설물, 벽지훼손 등 부주의 및 고의로 파손할 경우, 그에 따른 비용 책임을 부담할 것입니다.

8. 본인은 관리실장의 허가 없는 룸 내 가전제품과 가구, 특히 하절기(냉풍기), 동절기(온풍기) 기타 전기밥솥, 화기버너 사용에 따른 취사행위를 할 경우 귀원의 입실료 환불 없는 즉각적인 퇴실 조치에 이의를 제기하지 않겠습니다.

9. 본인의 개인물품과 귀중품은 나의 책임 하에 관리 보관하겠으며, 도난에 대해서는 관리실장과 원룸텔에 배상을 요구하지 않겠습니다.

10. 본인은 공공장소 주거공간으로 일체 금연할 것이며, 흡연은 반드시 건물 옥상 및 1층 밖에서 할 것이며, 룸에서 흡연할 경우 도배비용 5만 원을 부담할 것이며, 관리자의 발견 시 환불 없는 퇴실 조치에 이의를 제기하지 않겠습니다.

11. 본인은 다른 입주자 상호 간의 기본적인 예의범절(고성방가, 음주 등)을 반드시 지킬 것이며, 상기 준수조항 위반 및 다른 입주자에게 불편을 끼칠 시 관리자의 3회차 권고와 동시에 입실료 환불 없는 조치에 이의를 제기하지 않겠습니다.

12. 퇴실 시 방 상태가 안 좋을 시 청소비 1만 원이 청구됩니다.

2016년 5월 2일

계약인(성함)   (인)

○○ 게스트 하우스 고시텔 원장

이 고시원 매입가액은 950,000,000원이다.

매입금액 950,000,000원, 등기비용 45,600,000원, 총 투자금 995,600,000원
연매출액 12,403,700원×12월=148,844,400원−26,600,000원(연 이자)
　　　=122,244,400원(순이익)

대출 금액 700,000,000원, 연 3.8%=26,600,000원(1년 대출금 이자)
현금 투자 295,600,000원,
수익 분석 122,244,400원/295,600,000원=41.35%다.
현재 매매기 13억 원이다.
시세차익 304,400,000원=1,300,000,000원−995,600,000원

05 퇴직 후에도 월급 같은 임대 수익 받는 성공적인 수익형 투자

　부동산의 대세는 수익형 부동산이다. 샐러리맨들은 퇴직 후에도 이런 지속적인 대박 퇴직을 꿈꾼다. 수익형 부동산의 장점은 다음과 같다. 첫째, 월급처럼 매월 고정적인 수익을 낼 수 있다. 둘째, 연금처럼 매월 물가 상승 대비 고정적 높은 수익을 낼 수 있다. 셋째, 차익형 부동산(주거용)오피스텔, 소형 아파트, 다가구주택, 도시형 생활주택 등에 비해 투자 위험이 적다. 넷째, 낮은 금리로 여러 사람이 수익형·연금형 부동산에 몰려드는 이 시점에 특히 신중한 투자 결정이 필요하다.

　부동산 재테크는 부동산 정책 변화, 경제 변동에 따라 수익률이 크게 영향을 받게 된다. 그렇기 때문에 항상 관련 정보 및 뉴스에 귀를 기울여야 하고, 투자처에 대한 공부 및 수익형·연금형 부동산에 대한 가치를 지속적으로 파악해야 한다.

　그렇다면 부동산 정책의 잦은 변화와 정부의 강도 높은 규제에 수익형 부동산은 위기일까? 기회일까? 빨간불이 켜진 투자에 알짜 해법은 과연 있을까? 악재 속 수익형 부동산은 어떻게 접근하면 성공할 수 있을까? 지난해는 주택 시장 규제 강화가 지속된 한 해였다. 불확실성이 커지면서 상대적으로 규제가 덜하고 안정적인 수익형 부동산이 특히 관심을 끈 해이기도 하다. 저금리 시대가 장기화 되는 가운데 고령화와 조기은퇴로 임대 수익 상품에 대한 투자 수요가 꾸준할 수밖에 없기 때문이다.

올해는 기준 금리 인상과 대출 요건 강화 등으로 수익형 부동산에도 적신호가 켜지고 있지만, '그래도 부동산'이라는 인식을 깨기는 어려울 것으로 보인다. 이 가운데 수익형 부동산에서 성공을 거두려면 올해 신도시·택지지구 중심으로 물량이 많으니 우량 상권 선택이 중요하다. 기업 입주 등으로 공실 문제가 해소되는 곳을 주목해야 한다. 전문가들은 "수익형 부동산 투자의 경우 나무는 보고 숲은 보지 못하는 경우가 종종 생길 수 있다. 따라서 편견을 버려야 수익형 부동산에 대한 시각이 넓어지고, 틈새 시장도 볼 수 있는 안목이 생긴다"라고 말한다.

"직장을 열심히 오래 다니면서 실력과 능력을 인정받고, 그 분야의 기술자 또는 프로가 돼 정년을 보장받는다"라는 것이 샐러리맨의 로망일 것이다. 그렇지만 영업 이익은 회사의 것이고, 내게 돌아오는 것은 내가 이뤄 놓은 것들에 비해 약간의 성과급, 인센티브가 전부일 때 허망한 생각이 든다. 그럼 어떻게 해야 할까? 이럴 때 수익형·연금형 부동산을 눈여겨보자. 수익형·연금형 부동산이란 퇴직 후에도 월급처럼 정기적으로 임대 수익을 얻을 수 있는 부동산으로 도시형 생활주택, 소형 오피스텔, 펜션, 소호 사무실, 원룸텔 그리고 모텔과 독서실, 고시원 등 다양한 부동산이 있다. 사전적 의미로는 주기적으로 임대 수익을 얻을 수 있는 부동산이라는 뜻이다. 즉 본인이 직접 거주하거나 이용하기 위해 거래하는 부동산이 아닌, 다른 사람에게 임대함으로써 수익을 낼 수 있는 부동산을 말하는 것이다.

노후 걱정 없는 부동산 투자법(다가구주택(원룸텔) 고수익 전략(수익률 75.6%))

경기도 화성시(다가구주택- 원룸텔)

대지 332.3㎡
건물 843.9㎡

지층 14.85㎡
1층 19.85㎡
2층 202.31㎡(투룸 2개를 원룸 4개로 구조변경)
500만 원/월 35만 원 총 2,000만 워/월 140만 원

3층 202.31㎡(투룸 2개를 원룸 4개로 구조변경)
500만 원/월 35만 원 총 2,000만 원/월 140만 원

4층 202.31㎡(투룸 4개)
500만 원/월 55만 원 총 4,000만 원/월 220만 원
5층 202.31㎡(쓰리룸 3개)
1,000만 원/월 70만 원 총 4,000만 원/월 280만 원

총 1억 원/월 7,800,000원×12월=93,600,000원
매입금액 550,000,000원
등기비용 6,600,000원
대출 이자 17,100,000원
총 투자금 573,000,000원
대출 금액 450,000,000원(농협, 연 3.8%)

현금 투자 123,700,000원

연 수익금 93,600,000원/123,700,000원=75.6%(수익률)

시세차익 1,100,000,000원(현시세)-573,000,000원(총 투자금)
     =527,000,000원

[물건상세 현황]

1) 매물종류 : 오피스텔(원룸, 투룸, 쓰리룸)

2) 매물크기 : 원룸 : 전용면적 8평, 화장실 1개
         투룸 : 전용면적 11.5평, 방 2개, 거실 1개, 화장실 2개
         쓰리룸 : 전용면적 19.3평, 방 3개, 거실 1개, 화장실 2개

3) 거래금액 : 원룸 : 보증금 500만 원, 월세 35만 원, 관리비 4만 원
         투룸 : 보증금 500만 원, 월세 55만 원, 관리비 6만 원
         쓰리룸: 보증금 1,000만 원, 월세 70만 원, 관리비 8만 원
         (관리비 : 유선, 인터넷, 계단 주차장, 엘리베이터 공용 부분 청소비 포
         함/전기, 가스 , 상하수도는 임차인이 납부)

4) 난방방식 : 도시가스

5) 매물위치 : 경기도 화성시

6) 해당층수 : 총 5층(1층은 주차 공간, 거주 공간은 2~5층)

7) 옵션사항 : TV, 냉장고, 에어컨, 드럼세탁기, 가스렌지, 렌지대, 식탁, TV
        대, 소화기 등

8) 주차 가능 여부 : 주차 가능

9) 이사 가능 날짜 : 언제든 이사 가능

10) 지리적 장점 :
     ① M 공단 도보 출퇴근 가능 : M 공단 입주 기업 임직원
                    (현재 M 공단 입주 기업 직원 다수 거주)
     ② 경기 화성 바이오 밸리까지 차량 5분 거리(바이오 밸리 관련 입주 환영)

11) 내부 사진
     급히 준비하느라 아직 내부 사진이 부족합니다.
     건물 주인 직접 운영하며 중계 수수료 없이 직접거래 및 계약 진행 희망

12) 위치 및 지도

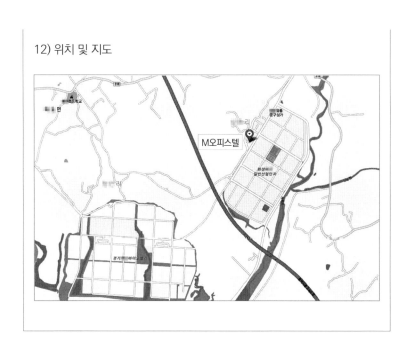

Chapter **04**

경매 투자자, NPL 투자자, GPL 투자 부자들

01 부동산 정책의 잦은 변화, 갭 투자는 정말 위험한 걸까?

갭 투자란 매매가와 전세가 차이가 크지 않은 아파트를 전세를 끼고 매입해 시세차익을 기대하는 투자를 말한다. 하지만 역전세 난으로 갭 투자 비상이 걸렸다. 그러나 여전히 투자 유망지역은 갭 투자로 고수익을 내는 사람들이 많다.

수익률 갭이란 '금리-1/PER'로서 부동산(주식)의 대체적인 채권과 주식의 투자 메리트를 비교 판단하는 기준이다. 선진국에서는 보편화된 척도로 알려져 있다. 즉 수익률 갭은 부동산(주식) 시장 전체의 동향을 파악하는 지표다. PER은 일정 자금을 부동산(주식)에 투자한다고 가정할 때 원금회수기간과 같은 의미로 볼 수 있으므로 1/PER은 일종의 부동산(주식) 투자 수익률이다. 만일 수익률 갭이 0일 경우 예상경제 성장률이 그 차이를 보상할 수 있어야 한다. 수익률 갭이 예상경제 성장률보다 작으면 주식에 투자하고, 크면 채권에 투자하는 것이 유리하다.

강남 따라 더 뜨거워진 강북 아파트의 경매 낙찰가도 높아지고 있다. 전문업체에 따르면 강남 3구(강남·서초·송파)를 제외한 자치구 2022년 5월 아파트 낙찰률(진행건수 대비 낙찰건수)은 70.0%다. 낙찰가율(감정가 대비 낙찰액)도 고공행진을 이어가고 있다.

그동안 서울 아파트 경매 시장 열기는 강남 3구가 주도해왔다. 지난해 10월에는 90.0%를 기록했고 2018년 5월 낙찰률은 78.6%, 낙찰가율은 97.8% 기록했다. 상남 3구의 열기가 뜨거우니 투자자들이 그 대안으로 강남 3구외 아파트 경매에 눈을 돌리고 있는 셈이다.

다음은 경락잔금대출을 해줬던 고객으로 내가 강의하는 아카데미 과정을 수료하고 이제는 특수물건 집중 투자반에서 강의를 듣는 경매 고수다.

사례자는 지인에게 자금을 빌려주고 돌려받지 못하게 되자 집행문 부여로 강제경매를 신청했고, 신청 채권자가 부동산 감정가액으로 낙찰받았다. 그 이유는 부동산 주변에 서울-용인 고속도로 개통과 용인에서 서울까지 20분 거리에 있는 지하철이 개통돼 있어 부동산이 오르는 지역이라 돌려받지 못한 돈을 '갭 투자' 투자로 가능하리라는 판단에서였다. 또한 3%에 턱걸이하고 있는 은행 금리에 임대형 월세를 생각했기 때문이다. 예상은 적중했다.

받아야 할 원금이 131,000,000원이었지만 배당받은 금액은 84,684,992원으로 46,315,008원을 받지 못했다. 하지만 시세차익이 171,000,000원으로 부족한 돈을 채울 수 있었다.

구분	위치	사용승인	면적	이용상태	감정가격	기타
건물	22층 중 9층	04.06.30	160.2104㎡	방4, 거실, 주방/식당, 욕실2, 파우더룸, 발코니, 현관 등	503,300,000원	• 열병합 발전 지역난방 • 지하주차장
토지	대지권		26945㎡ 중 111,261㎡		215,700,000원	

현황 위치 주변환경	• ■■초등학교 남측 인근에 위치하고 있으며 부근은 ■■택지개발지구내 아파트 밀집지대로 주위환경은 무난함. • 본 건까지 차량출입 용이하며 인근에 버스정류장, 근거리에 전철역(■■역) 등이 소재하므로 제반 교통상황은 무난함. • 부정형의 환경사지이며 아파트건부지로 이용중임. • 본 건 단지의 북서측으로 4차로의 아스콘포장도로와 접하고 있으며, 단지내도로 개설되어 있음.

배당표

사건 2017타경 ***** 부동산 강제경매

배당할 금액		금　　719,010,009		
명 세	매각대금	금　　719,000,000		
	지연이자 및 절차비용	금　　　　　　0		
	전 경매 보증금	금　　　　　　0		
	매각대금이자	금　　　10,009		
	항고보증금	금　　　　　　0		
집행비용		금　　4,799,343		
실제 배당할 금액		금　　714,210,666		
매각부동산		1. 경기도 용인시 ○○구 J 아파트 103동 9**호		
채권자		주식회사 우리은행	백○○	국민건강보험공단 파주지사
채 권 금 액	원금	136,784,629	470,000,000	2,756,540
	이자	704,715	0	0
	비용	0	0	0
	계	137,489,344	470,000,000	2,756,540
배당순위		1	2	3
이유		근저당권자	임차인 (확정일자부 임차인)	교부권자(공과금)
채권최고액		180,000,000	0	0

	배당액	137,489,344	470,000,000	2,756,540
	잔여액	576,721,322	106,721,322	103,964,782
	배당비율	100%	100%	100%
	공탁번호 (공탁일)	금제 호 (. . .)	금제 호 (. . .)	금제 호 (. . .)
	채권자	국민건강보험공단 파주지사	신○○	
채권금액	원금	19,279,790	131,000,000	0
	이자	0	50,589,278	0
	비용	0	0	0
	계	19,279,790	181,589,278	0
	배당순위	3	4	
	이유	교부권자(공과금)	신청채권자 (서울중앙지방법원 2012가 합3****)	
	채권최고액	0	0	0
	배당액	19,279,790	84,684,992	0
	잔여액	84,684,992	0	0
	배당비율	100%	46.64%	
	공탁번호 (공탁일)	금제 호 (. . .)	금제 호 (. . .)	금제 호 (. . .)

2018.○○.○○

사법보좌관 성○○

부정적인 미래를 상상하면 부정이 현실이 된다. 하지만 반대로 긍정을 상상하면 긍정이 현실이 된다. 우리의 미래는 우리의 생각이 결정한다.

02 투잡으로 100세 시대 준비하는 샐러리맨의 부동산 경매 투자법

한소금(가명) 씨는 종잣돈 1억 원으로 퇴직 전까지 월 500만 원~1,000만 원의 임대 수익처를 찾고 있다. 우리 금융기관에 경락잔금대출을 의뢰해서 한도가 적어 신탁수익권증서 담보로 대출을 지원했다.

그는 임장활동 중 마침 교통편이 좋은 곳에 아파트(시세 약 1억 2,000만 원가량) 월세를 받기 수월한 경매 물건을 찾아 경매에 입찰했다.

이처럼 최대한 담보로 확보할 수 있도록 지렛대 원리를 이용해서 대출을 안고 집을 사는 문화는 우리나라에서 흔히 볼 수 있다. 매달 대출금을 갚는다면 잔액은 계속 줄어들 것이며, 반대로 대출금을 연체한다면 금액은 늘어날 것이다. 그때마다 등기부를 수정해야 한다면 번거로움은 이루 말로 할 수 없다.

내가 근무하는 금융기관에서는 담보대출을 해줄 때 연체 이자와 경매비용 등을 감안해서 20% 정도를 가산한 금액(예 : 1억 원을 대출받으면 1억 2,000만 원)을 채권최고액으로 설정하고 있다. 이 담보물권이 최악의 경우 연체가 되면 부동산 임의경매가 진행되고, '배당요구종기일' 이후 중소형 AMC(자산관리회사)에서는 근저당권을 채권으로 매입해서 금융기관에서 받아갈 배당금을 자산관리회사에서 배당받아 수익을 챙긴다. 이 방식을 NPL 투자 방식 중 론세일(Loan Sale, 채권양수도계약)이라고 한다.

론세일의 경우 DSR(원리금 상환) 대출은 세월이 지날수록 대출잔액이 얼마 되지 않으므로 채권최고액에 육박하는 기간 동안 충분히 채권 확보가 돼 변경, 연장, 집행정지, 재감정, 취하 후 재경매, 그리고 채무자를 설득해서 법원 경매계를 찾아가 연장하는 경우도 있다. 지적법상 토지 28개 지목의 경우 최대 3년이 넘는 경우 합법적인 연체 이자를 채워 받으려고 개인 회생 또는 프리워크아웃(신용회복)을 신청하는 경우도 있다. 물론 이때는 채무자에게 개인 회생 등 비용을 대주고 일정한 위로금 명목으로 자금을 지원하기도 한다. 채무자가 동의하는 이유는 일정한 생활비 명목으로 위로금도 받고, 신용불량정보 등록으로부터 자유로울 수 있기 때문이다. 이렇게 해서 대위변제동의서를 받아 대위변제하기도 한다.

내가 취급한 다음 부동산 '경락잔금대출'을 NPL로 접근하는 방법을 생각해봤다. 충분한 권리분석과 시세파악 및 부동산의 입지분석을 통해 잉여가치가 있는지 그리고 위장임차인을 배제하는 방법과 보증금 차감 방법 및 월세 차감하는 다양한 수익법으로 한소금 씨가 수익을 얻을 수 있는지 살펴보자. 아니면 한 푼도 못 건질 수도 있는지 그것을 감수하고 부실채권으로 투자 가능한지 검토해보길 바란다.

인천 부평구 D빌라 1동 2층 2**호

건물 45㎡(14평) | 토지 26㎡(8평)

감정가액 120,000,000원

현시세 120,000,000원~140,000,000원

설정 금액 123,500,000원

현 잔액 95,000,000원

청구금액 96,258,200원①

[경매 투자자 수익 분석]

매각금액 110,125,000원

이전금액 1,436,625원(취등록세 1.1%+0.2% 채권)

투자 금액 111,561,625원

1년 이자 3,426,360원

총 투자금 114,987,985원

경락잔금대출 84,000,000원, 연 4.079%, 1년 이자 3,426,360원

현금 투자 30,987,985원-20,000,000원(보증금)=10,987,985원

월세보증 20,000,000원/월 300,000원, 1년 월세 3,600,000원

순 수익금 3,600,000원-3,426,360원=173,640원/10,987,985원=1.5%

1년 후 매각 120,000,000원-투자 금액 111,561,625원=8,438,375원

[NPL 투자자 수익 분석]

NPL 매입 96,258,200원

이전 비용 741,000원

대출 이자 3,880,602원

총 투자금 100,879,802원

질권 대출 86,000,000원, 연 6.1%, 270일=3,880,602원

매각금액 110,125,000원-2,591,420원-20,000,000원
        =87,533,580원-100,879,802원=13,346,222원(적자)

그러나 부실채권 매입과 최우선임차보증금을 공제한다면 다음과 같다.

NPL 매입 96,258,200원-20,000,000원=76,258,200원

NPL 매입 76,258,200원
이전 비용 741,000원
대출 이자 3,068,383원
총 투자금 80,067,583원
질권 대출 68,000,000원, 연 6.1%, 270일=3,068,383원
현금 투자 12,067,583원

매각금액 110,125,000원-2,591,420원-20,000,000원
        =87,533,580원-80,067,583원=7,465,997원
수익 분석 7,465,997원/현금 투자 12,067,583원=61.86%

위장임차인을 배제한다면 그 결과는 다음과 같다.

근저당권 설정일 2014.04.03
설정 금액 123,500,000원
감정가 120,000,000원
임차인 전입일 2014.05.13
보증금액 30,000,000원/월 300,000원

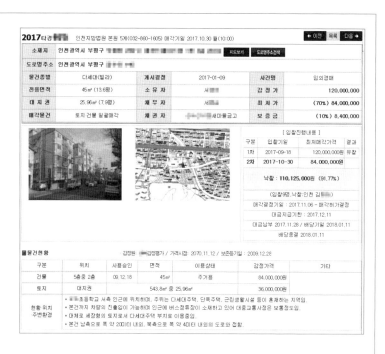

2017타경███	인천지방법원 본원 5계 (032-860-1605) 매각기일 2017.10.30 월 (10:00)		← 이전	목록	다음 →

소재지	인천광역시 부평구 ███ ████ ██ ████ ██ ███ ██ 지도보기 도로명주소검색
도로명주소	인천광역시 부평구 ████ ██

물건종별	다세대(빌라)	개시결정	2017-01-09	사건명	임의경매
전용면적	45㎡ (13.6평)	소유자	서██	감정가	120,000,000
대지권	25.96㎡ (7.9평)	채무자	서██	최저가	(70%) 84,000,000
매각물건	토지·건물 일괄매각	채권자	███새마을금고	보증금	(10%) 8,400,000

[입찰진행내용]

구분	입찰기일	최저매각가격	결과
1차	2017-09-18	120,000,000원	유찰
2차	2017-10-30	84,000,000원	

낙찰: **110,125,000원 (91.77%)**

(입찰9명, 낙찰:인천 김██)

매각결정기일 : 2017.11.06 - 매각허가결정
대금지급기한 : 2017.12.11
대금납부 2017.11.28 / 배당기일 2018.01.11
배당종결 2018.01.11

■ 물건현황   감정원 : ███감정평가 / 가격시점 : 2070.11.12 / 보존등기일 : 2009.12.28

구분	위치	사용승인	면적	이용상태	감정가격	기타
건물	5층 중 2층	09.12.18	45㎡	주거용	84,000,000원	
토지	대지권		543.8㎡ 중 25.96㎡		36,000,000원	

현황·위치 주변환경	• ███초등학교 서측 인근에 위치하며, 주위는 다세대주택, 단독주택, 근린생활시설 등이 혼재하는 지역임. • 본건까지 차량의 진출입이 가능하며 인근에 버스정류장이 소재하고 있어 대중교통사정은 보통정도임. • 대체로 세장형의 토지로서 다세대주택 부지로 이용중임. • 본건 남측으로 폭 약 20미터 내외, 북측으로 폭 약 4미터 내외의 도로와 접함.

■ 임차인현황   말소기준권리 : 2014.04.03   배당요구종기 : 2017.03.31

임차인	점유부분	전입/확정/배당	보증금/차임	대항력	배당예상금액	기타
이██	주거용 전부	전 입 일: 2013.08.14 확 정 일: 2014.05.14 배당요구일: 2017.03.28	보20,000,000원 월300,000원	있음	소액임차인	현황서상 전입일자

임차인분석	☞ 본건 현황조사차 현장에 임한 바, 폐문부재로 이해관계인을 만날 수 없어 상세한 점유 및 임대차관계는 알 수 없으나, 전입세대 열람결과 임차인이 점유하는것으로 추정됨. ☞ 본건 조사서의 조사내용은 전입세대열람에 의한 조사사항임. ▶ 매수인에게 대항할 수 있는 임차인 있으며, 보증금이 전액 변제되지 아니하면 잔액을 매수인이 인수함

■ 등기부현황   (채권액합계 : 224,659,167원)

No	접수	권리종류	권리자	채권금액	비고	소멸여부
1(갑7)	2014.04.03	소유권이전(매각)	서██		임의경매로인한매각,2013타경██	
2(을9)	2014.04.03	근저당	███새마을금고	123,500,000원	말소기준등기	소멸
3(을10)	2016.05.20	근저당	임██	30,000,000원		소멸
4(갑9)	2016.09.06	가압류	██중앙새마을금고	12,185,198원	2016카단██	소멸
5(갑10)	2017.01.06	가압류	██농협	20,735,540원		소멸
6(갑11)	2017.01.09	임의경매	███새마을금고	청구금액: 96,258,200원	2017타경██	소멸
7(갑12)	2017.02.27	가압류	██카드(주)	16,541,437원	2017카단██	소멸
8(갑13)	2017.03.07	가압류	███새마을금고	21,696,992원	2017카단██	소멸

보다 나은 자신으로 변화시키는 데는 누구도 준비해주지 않는다. 선택과 판단은 스스로의 몫이다. 어리석으며 실수가 많았던 삶과 이별하고 성장하기 위해서는 투자의 생각을 키워야 한다.

03 새로운 투자 대안, 공투 특수물건 유치권 깨트리기로 고수익 내기

  필자가 강의하는 아카데미 수강생 중 기수별로 '공투'를 하시는 분들이 있다. 4~5명이 팀을 이뤄 수익 나는 물건도 추천하고, 권리분석도 같이하며 주 1회 만나 최종 물건지를 선정한다. 투자 물건 주변을 탐문하고 시세와 월세 및 임대, 급매 등 권리분석으로 최종결정을 한다.

  '빨리 가려면 혼자 가고, 멀리 가려면 같이 가라'고 했던가. 혼자일 때는 돈 되는 물건을 봐도 자금이 부족한 경우도 있고, 투자는 하고 싶은데, 물건 보는 안목이 약하다면 공투로 핑크빛 미래를 꿈꾸는 것도 좋을 듯하다.

  그런 공투 팀 중에 구성원들 모두 가격이 상승할 것을 기대하고 한 물건에 투자하기로 결정했다. 대출을 끼고 아파트 경매로 매입하면 소액 투자가 가능했겠지만 소송이 걸려 있어 대출이 쉽지 않았다. 이럴 때 공투 매력이 발산된다. 같이 자금을 투자하고, 소송해서 승소를 거두고, 등기부를 깔끔하게 정리한 후에 전세를 주고 '무피 투자'가 가능했다.

'투자자 간 의견 대립 때문에 공투로 수익을 얻기는 쉽지 않다'라는 속설을 뒤로하고, 주변 상권이 활성화돼 임대 수익뿐만 아니라 시세차익까지 누리기를 기대했는데 역시나 아파트 가격은 상상 이상으로 올랐다. 그렇게 팀원 중에 생애 첫 공투한 이 씨는 대만족이다. 그동안 주식과 비트코인에 투자해서 고생만 했기 때문이다. 괜히 엉뚱한 짓을 해 노후 대비를 망친 셈이지만 이번 건으로 수익도 내고 공부도 많이 했다. 무엇보다 실력 있는 좋은 팀원들 만난 게 행운이다.

어떤 팀원은 공모주에 투자했다가 실망한 투자자도 있다. 공모주는 기업 공개와 투자 절차를 알고 투자해야 한다.

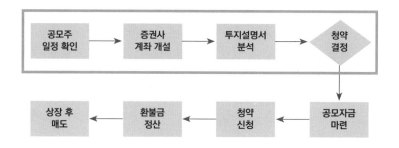

공모주 투자는 저성장 저금리 시대에 꾸준히 원금에 이자가

붙고, 이자에 이자가 붙는 복리식으로 수익을 얻을 수 있는 장점이 있다. 워렌 버핏이 내재가치가 있는 기업에 투자하는 '스노볼 효과(Snowball Effect)'와 같다.

그러나 이 팀의 경우 체계적인 공부 없이 직장을 다니면서 다른 사람 말만 믿고 투자한 것이 실패 원인이 됐다. "섣불리 경험이 부족한 팀원들을 만나 공투를 해서 부동산 공부를 고사한 경우도 많으므로 정확한 정보를 가지고 분석하는 사람들을 만나야 한다"라고 공투 경험자들은 말한다.

공투의 장점은 대규모 금액을 투자해야 하는 물건에서 투자자 간에 리스크를 최소화 하고, 각자 가용자금으로 큰 덩어리의 부동산도 소화해서 수익을 낼 수 있다. 나는 부동산 재테크 카페에 가입해 온·오프라인을 아우르며 카페 회원들 간에 공투 경험과 지식, 불협화음을 없애는 투자 조언을 구하면서 부동산 정보를 나눴다. 20년 현직에 재직하고 있는 공무원도 있었고, 개발행위 허가를 전담해주는 공무원 담당자도 있었다. 그 가운데 주부였던 최 씨는 이제 어디를 가도 자신을 '부동산 임대업자'라고 말하며 투자 전문가라고 소개한다.

서울특별시 마포구 P 아파트 102동 5**호(34평형)

감정가액 824,000,000원
매각금액 765,456,700원(2016.08.30)
매각금액 600,000,000원(2016.12.03)
전세금액 740,000,000원 무피 투자
유치권 소송 342,000,000원(아현 제3구역 재개발 구역)

유치권자 일부 배당 후 나머지 소송으로 승소했다. 그렇다면 현재시세는 얼마일까? 1,300,000,000원이다. 시세차익은 6억 원 이상이고, 4명이 공투해서 1인당 150,000,000원 이상의 수익을 얻는다.

사건번호	용도	소재지	감정가(원) 최저가(원)	결과 (유찰)	매각일
2016-*****	아파트	유치권 再경매 서울 마포구 ○○동 P 아파트 102동 ○○○호(34평형)	824,000,000 527,360,000	낙찰 (2/4)	2016/12/13
2016-*****	아파트	서울 마포구 ○○동 P 아파트 202동 ○○○호(45평형)	1,050,000,000 840,000,000	낙찰 (1/2)	2017/06/20
2016-*****	아파트	先임차인 1) 서울 마포구 ○○동 P 아파트 309동 ○○○호(45평형)	933,000,000 933,000,000	낙찰 (0/1)	2018/○○/○○

2016타경▒▒▒▒ 서울서부지방법원 본원 4계(02-3271-1324) 매각기일 2016.12.13 화(10:00)

소재지	서울특별시 마포구 ▒▒▒▒▒▒▒▒▒▒▒▒▒▒▒▒▒▒▒▒ [지도보기] [도로명주소검색]
도로명주소	서울특별시 마포구 ▒▒▒▒▒▒

물건종별	아파트	개시결정	2016-02-25	사건명	강제경매
전용면적	84.6㎡ (25.6평)	소유자	김▒▒	감정가	824,000,000
대 지 권	42.71㎡ (12.9평)	채무자	김▒▒	최저가	(64%) 527,360,000
매각물건	토지 건물 일괄매각	채권자	▒▒▒ 주택재개발정비사업조합	보증금	(20%) 105,480,000

[입찰진행내용]

구분	입찰기일	최저매각가격	결과
1차	2016-07-26	824,000,000원	유찰
2차	2016-08-30	659,200,000원	낙찰

낙찰 765,456,700원 (92.9%) / 4명 / 미납
(차순위금액: 735,900,000원)

| 3차 | 2016-11-08 | 659,200,000원 | 유찰 |
| **4차** | **2016-12-13** | **527,360,000원** | |

낙찰 : 600,000,000원 (72.82%)

(입찰3명,낙찰:마포구 이▒▒ 외3)
매각결정기일 : 2016.12.20 - 매각허가결정
대금지급기한 : 2017.01.26
대금납부 2017.01.20 / 배당기일 2017.03.07
배당종결 2017.03.07

▣물건현황   감정원:▒▒▒감정평가 · 가격시점: 2016.03.08 · 보존등기일 : 2015.05.01

구분	위치	사용승인	면적	이용상태	감정가격	기타
건물	23층중 5층	14.09.26	84.5978㎡	방3, 거실1, 주방/식당1, 욕실2, 드레스룸1, 발코니	470,000,000	• 도시가스 개별난방, 지하주차장
토지	대지권		146498.5㎡ 중 42.7093㎡		354,000,000	

현황·위치 주변환경	• 지하철2호선 "▒▒역" 남서측 인근에 위치하고 있으며, 주위에는 아파트단지, 시장, 단독 및 공동주택이 혼재하고 있는 곳으로서 환경은 양호한 편임. • 차량 출입이 용이하고, 인근에 지하철2호선 "▒▒역", 지하철5호선 "▒▒▒역"과 버스정류장이 소재하여 전반적인 교통사정은 양호한 편임. • 부정형의 토지로서, 아파트부지로 이용중임. • 1단지는 남동측으로 ▒▒▒▒▒▒, 북동측으로 ▒▒▒▒ 등 4면이 포장도로에 접함.

참고사항	▶본건낙찰 2016.08.30 / 낙찰 765,456,700원 / ▒▒▒▒ / 4명 입찰 / 대금미납 • 외필지 : ▒▒▒▒ ▒▒ ▒▒▒

▣임차인현황   말소기준권리: 2015.05.26 · 배당요구종기: 2016.05.09

=== 조사된 임차내역 없음 ===

기타사항	☞폐문부재로 안내문을 남겨두고 왔으나 아무 연락이 없어 점유관계 미상이나, 이건 목적물 상의 주민등록 전입자는 존재하지 않음

▣등기부현황   (채권액합계 : 1,250,634,593원)

No	접수	권리종류	권리자	채권금액	비고	소멸여부
1(갑1)	2015.05.01	소유권보존	김▒▒			
2(갑2)	2015.05.26	가압류	▒▒▒ 주택재개발정비사업조합	55,499,141원	말소기준등기 2015카단▒▒	소멸
3(갑3)	2015.06.01	가압류	▒▒▒은행	78,208,408원	2015카단▒▒	소멸
4(갑4)	2015.06.02	가압류	▒▒자산관리공사	555,298,600원	2015카합▒▒	소멸
5(갑5)	2015.07.07	가압류	▒▒▒ 주택재개발정비사업조합	322,628,444원	2015카합▒▒	소멸
6(갑6)	2016.02.03	가압류	(주)건축사사무소 ▒▒▒▒ ▒▒ 외 1명	239,000,000원	2016카단▒▒	소멸
7(갑7)	2016.02.25	강제경매	▒▒▒ 주택재개발정비사업조합	청구금액: 349,568,852원	2016타경▒▒	소멸
8(갑8)	2016.04.01	압류	서울특별시 ▒▒			소멸

주의 사항	☞유치권신고 있음-신청채권자 ▒▒▒▒▒주택재개발정비사업조합으로부터 유치권신고(원금342,000,000원 및 이에 대한 2016.1.1.부터 완제일까지 이자)가 있으나, 성립여부 불분명

04 NPL 경매 틈새 시장 신탁수익권증서담보 채권 매입 부자 비밀노트

신탁수익권증서 담보대출의 NPL 투자법으로 수익을 얻는 사례를 알아보자. ○○은행에서 30년 근무하고 은퇴하신 점잖은 전 지점장님이 있다. 내가 강의하는 아카데미 2기였는데, 처음 내 강의를 수강할 때는 이미 다른 분의 NPL 강의를 듣고 온 상태였다. 문제는 매각리스트를 못 받고 어떻게 금융기관에 접근하는지가 고민이었다.

대부분의 수강생들은 이미 다른 분들의 강의는 다 듣고 오시는 분들이 많다. 어떤 분은 내가 강의하는 NPL 경매 아카데미 5주 전 과정 강의를 듣고 13건 정도 NPL 채권을 매입해 수익률 280% 이상을 배당받았고, 또 배당받으려고 기다리는 매입채권도 많다고 자랑을 하신다. 이런 분들을 만나면 마음이 뿌듯하고 보람을 느낀다.

한 분은 내가 근무하는 금융기관에 방문해서 차도 마셨는데,

신탁물건을 생보신탁으로부터 매매계약서로 매입 후 기존 신탁 부동산 수익권증서 담보로 취급된 대출을 공매로 낙찰받아 경락잔금대출을 해줬다. 신탁대출은 채무자들에게 대출을 많이 해주려는 목적이 있다. 최우선변제금을 차감하지 않고 채권최고액 신탁비용 0.4~0.5%는 고객이 부담을 하기 때문에 금융기관에서도 더 유리한 제도다. 그러나 이 부동산 담보 신탁수익권증서 대출의 문제점이 있다.

1. 부동산 담보 신탁수익권증서의 개요

부동산 담보 신탁제도는 일반 근저당권 설정대출 대비 대출비용의 절감, 최우선변제 소액보증금 미차감, 제3채권자에 의한 신탁 부동산 강제처분 방지 등에 유리해서 취급액이 매년 증가하는 추세다.

2. 담보 취득 문제점 및 대책

내가 근무하는 금융기관에서도 신탁수익권증서 담보대출에 대해서 부서장 회의에 언급할 정도로 문제가 많다. 정보 공개가 많이 되지 않고, 근저당권 설정으로 진행하는 부동산 임의경매보다는 매각가율이 15~20% 이상 낮게 떨어지기 때문에 손실이 이만저만이 아니다. 하지만 투자자들에게는 그만큼 반사이익이 주어진다.

1) 문제점

부동산 담보 신탁채권 매각 시 신탁회사별로 채권 매각방침이 상이해서 처분절차가 불편하고 복잡하다. 또한 공매 시장이 폐쇄적이고 정보 부족으로 활성화돼 있지 않아 법원 경매 대비 10~20% 이상 낙찰가격이 하락해서 채권 보전에 어려움이 있다. 그리고 낙찰금액의 10%에 해당하는 부가가치세 발생 및 임차인 또는 사용자에 대한 신탁비용 발생 등 채권매각 비용이 과다해서 지가낙찰의 원인이 된다.

2) 대책

담보 위주의 대출심사를 지양하고, 채무자의 신용상태 및 상환능력 등을 종합적으로 판단해서 대출지원 여부를 결정해야 한다. 또한 1세대 연립, 다세대주택 담보대출이거나 일정 금액(1억 원 이하) 대출의 경우에는 부동산 담보 신탁대출을 가급적 지양하고, 조건 충족 시 모기지신용보증서(MCI) 대출로 적극 활용해야 한다.

이런 부동산 담보 신탁수익권증서로 취급된 대출이 연체가 되면 신탁/공매로 진행이 된다. 세금체납으로 압류 또는 위탁으로 진행되는 '온비드', '캠코'가 진행하는 공매와는 다르다. 생보신탁 본사에서 진행하는 공매는 일정한 정보를 가진 사람만 참여를 한다. 그러므로 '틈새 시장 전략'으로 고수익이 가능하다는 것이다.

신탁원부

부동산의 표시 : 인천광역시 계양구 ○○동 D아트빌 201호

위탁자 : 최○○

　　　　인천광역시 계양구 ○○로 70, 104동 1401호(○○동, H아파트)

　　　　김○○

　　　　인천광역시 계양구 ○○로 70, 104동 1401호(○○동, H아파트)

수탁자 : 주식회사 생보부동산신탁 대표이사 김○○

　　　　서울특별시 서초구 ○○대로 2○○(○○동)

신청 대리인 : 법무사 양○○

　　　　인천 남구 ○○로 151, 2층(○○동, W빌딩)

	신청서 접수	서기 2018년 ○○월 ○○일
		제　　호

1	위탁자의 성명, 주소	최○○ 인천광역시 계양구 ○○로 70, 104동 1401호(○○동, H아파트) 김○○ 인천광역시 계양구 ○○로 70, 104동 1401호(○○동, H아파트)
2	수탁자의 성명, 주소	주식회사 생보부동산신탁 대표이사 김○○ 서울특별시 서초구 ○○대로 2○○(○○동)
3	수익자의 성명, 주소	인천S협동조합 ○○동 지점, 조합장 조○○ 인천광역시 연수구 ○○로 27, 1층
4	신탁관리인의 성명, 주소	없음
5	신탁조항	별지 기재와 같음
6	부동산의 표시	1. 1동의 건물의 표시 　　인천광역시 계양구 ○○동 D아트빌 전유부분의 건물의 표시 1. 건물의 번호 : 제2층 제201호(고유번호 : 1248-2001-○○○○○○) 　　구조 및 면적 : 철근콘크리트조 21.37㎡ 전유부분의 대지권의 표시 토지의 표시 1. 인천광역시 ○○구 ○○동 2 대 243㎡ 　　대지권의 종류 : 소유권 　　대지권의 비율 : 243분의 11.26

금융기관에서는 담보 취득 방법이 근저당권 설정 또는 신탁 수익권증서 담보로 대출하고 있다. 신탁수익권증서로 대출하는 이유는 주택임대차보호법상 또는 상가건물임대차보호법상상 최우선변제금 차감을 하지 않고 대출하기 때문에 채무자 입장에서는 대출금의 120% 수익권증서의 0.4~0.5% 신탁보수를 지불하면서 대출받는다. 이 채권이 연체가 되면 금융기관에서 공문으로 신탁회사에 공매 진행을 요청하는데 공매 정보는 신탁사 홈페이지에서 알 수 있다. 공매 낙찰을 받으면 매도인은 신탁사 매수인을 공매 낙찰자로 하는 매매계약서를 작성하게 된다. 이 '공매 매매계약서'로 매매 잔금을 대출받아 잔금을 치루면 된다. 신탁 수의계약은 NPL 법인이 아니어도 부동산을 매입해서 재매각 시세차익이 가능하다. 단점이 있다면 취등록세 비용과 이사비용, 명도비용은 별도로 계산해서 매입해야 하기 때문에 급매가격에서 3,000만 원 정도 저렴하게 매입하면 2,000만 원 정도 수익을 얻을 수 있다.

부동산 매매계약서

매도인 (주)S부동산신탁(이하 갑이라 함)과 매수인 S주식회사(이하 을이라 함)는 갑이 담보신탁 계약에 따라 수탁하고 있는 아래 부동산의 표시 기재 부동산(이하 '매매목적물'이라 함)에 대해서 다음과 같이 매매계약을 체결한다.

    매도인(갑) : 서울특별시 서초구 ○○대로
              주식회사 S부동산신탁
              대표이사 김○○

    매수인(을) : 경기도 파주시 ○○면
              대표이사 정○○

■ 부동산의 표시

소재지	동호수	건물면적	대지권의 비율	매매대금
서울특별시 양천구 ○○동 535-3	3	45.74	408.9분의 22.15015	₩125,000,000

– 다음 –

제1조(매매대금) ① 갑은 '매매목적물'을 금 일억이천오백만 원정(₩125,000,000 /V.A.T 별도)으로 을에게 매도한다.

제2조(계약금) 을의 계약금으로 금 일천이백오십만 원정(₩125,000,000)을 갑에게 일시불로 지급한다.

제3조(대금지급 방법 등) ① 매매대금은 다음과 같이 지급한다.

구분	토지	건물	부가세	합계	지급일자
계약금	5,500,000	7,000,000	–	12,500,000	2017.07.10
잔금	49,500,000	63,000,000	7,000,000	119,500,000	2017.08.09
합계	55,000,000	70,000,000	7,000,000	132,000,000	

② 을이 제1항에서 정한 기일에 대금을 지급하지 아니할 때에는 별도의 이행 최고 없이 계약을 해제할 수 있고, 기 납부한 계약금은 갑에게 귀속된다.

③ 매매대금은 아래 지정계좌로 송금한다.

개설은행	계좌번호	예금주
기업	480-046-******	S부동산신탁

신탁대출의 공매는 입찰기일이 잡히면 오전과 오후, 그리고 그다음 날을 계속 입찰기일로 결국은 '수의계약'으로 매입하게 된다.

기수	공매일시(입찰가능일시)	온비드 개찰일시	최저입찰금액
1	2018.01.22.(월) 10:00~12:00	2018.01.23. (화) 9:00	256,000,000
2	2018.01.22.(월) 12:00~14:00	2018.01.23. (화) 9:00	230,400,000
3	2018.01.22.(월) 14:00~16:00	2018.01.23. (화) 9:00	207,400,000
4	2018.01.22.(월) 16:00~18:00	2018.01.23. (화) 9:00	186,700,000
5	2018.01.23.(화) 10:00~12:00	2018.01.24. (수) 9:00	168,100,000
6	2018.01.23.(화) 12:00~14:00	2018.01.24. (수) 9:00	151,300,000
7	2018.01.23.(화) 14:00~16:00	2018.01.24. (수) 9:00	136,200,000
8	2018.01.23.(화) 16:00~18:00	2018.01.24. (수) 9:00	122,600,000
9	2018.01.24.(수) 10:00~12:00	2018.01.25. (목) 9:00	110,400,000
10	2018.01.24.(수) 12:00~14:00	2018.01.25. (목) 9:00	99,400,000
11	2018.01.24.(수) 14:00~16:00	2018.01.25. (목) 9:00	89,500,000
12	2018.01.24.(수) 16:00~18:00	2018.01.25. (목) 9:00	80,600,000
13	2018.01.25.(목) 10:00~12:00	2018.01.26. (금) 9:00	72,600,000
14	2018.01.25.(목) 12:00~14:00	2018.01.26. (금) 9:00	65,400,000
15	2018.01.25.(목) 14:00~16:00	2018.01.26. (금) 9:00	58,900,000
16	2018.01.22.(목) 16:00~18:00	2018.01.26. (금) 9:00	53,100,000
17	2018.01.26.(금) 10:00~12:00	2018.01.29. (월) 9:00	47,800,000
18	2018.01.26.(금) 12:00~14:00	2018.01.29. (월) 9:00	43,100,000
19	2018.01.26.(금) 14:00~16:00	2018.01.29. (월) 9:00	38,800,000
20	2018.01.26.(금) 16:00~18:00	2018.01.29. (월) 9:00	35,000,000

앞의 물건은 분양가 275,000,000원이고 시세는 260,000,000원 이상이다. 이 채권을 생보신탁으로부터 220,000,000원에 매매계약서로 매입한 후 매매잔금 대출은 내가 근무하는 금융기

관에서 대출받아 잔금을 치루고, 월세를 받다가 재매각해서 고수익을 얻었다.

이 같이 월세를 받아 대출금 이자를 납입하고, 나머지는 일정한 생활비나 용돈으로 충당한 후 일정한 시점에 재매각하는 방법을 찾아보자. 이것이 남들이 귀찮아 하는 재테크 틈새 시장을 노리는 방법이다. 누구나 성공자가 될 수 있지만 아무나 성공자가 되지 못하는 이유는 무엇일까? 남들이 생각하지 못하는 역발상을 하지 못해서가 아닐까?

05 입찰 참가 조건부 사후정산 방식 공장 물건 투자법

　아카데미 4기생 중 내가 소개시켜준 ○○AMC에서 열심히 실전 NPL을 열심히 배우고 있는 존 록펠러 님으로부터 전화가 왔다.

　"시간 한 번 내주세요. 박사님 덕분에 좋은 용돈이 생겨 식사를 대접하겠습니다."

　일주일 후 저녁을 같이 먹게 됐는데 다음의 경기도 화성시에 있는 물건을 현재 ○○AMC가 유동화 전문회사에게서 매입 후 공장 운영 직영자를 찾고 있다고 했다. 그러던 중 실제 비누 공장 운영자로부터 "이 공장을 매입할 테니 유동화 전문회사로부터 구입하는 방법으로 연결해주면 일정한 수수료를 주겠다"라고 연락이 왔다. 입찰 참가 조건부 사후정산 방식으로 계약을 체결했다.

사건번호 (물번)	사진	물건종류 및 소재지	감정가 최저입찰가	진행 상태	입찰일자 (시간)
16-□□□		공장 경기도 화성시 □□□ □□□ □□ □□□ 건물 579.75㎡(175.4평) , 토지 1661.73㎡(502.7평)	729,800,210 510,860,000 705,000,000	낙찰 (70%) (97%)	2017.07.18 화(10:30)

공장을 매입할 때는 대지가 넓고 입구는 6미터 이상이어야 트
레일러가 들어가기도 수월하며, 공장 층고가 10미터이면 물건
을 쌓아 놓을 수 있어 더더욱 좋다. 또한 기계 작동 여부와 리스
여부를 파악해야 한다.

공장용지 503평 건물은 175평이다. 감정가액 729,800,210원
인데 인근 부동산 공장 낙찰 사례는 78.6%이었다. 개정 대부업
법 이후 론세일(채권양수도계약)은 법인에게만 허용하고 있다.

하지만 개인이 할 수 있는 방법 중 하나가 '입찰 참가 조건부 사후정산 방식'이다. 사후정산 방식은 유동화 전문회사랑 사전에 입찰 참가금액을 정해 놓은 뒤 채권 매입금의 10%를 계약금으로 지불하고, 당초 약정금액으로 입찰에 참가해서 낙찰받은 후 사후에 유동화 회사와 정산하는 방식이다.

이 채권은 ○○○○제이차 유동화전문유한회사와 입찰 참가 이행 조건부 사후정산 방식으로 협의해서 6억 5,000만 원에 체결했다. 당초 계약체결 내용대로 7억 500만 원에 입찰 참여하고 유동화 전문회사 직원이 당초 계약금으로 법원 경매에 참여한다.

NPL 매수자는 채권권리행사 금액으로 경매 입찰에 참여한다.

만약 계약 체결한 매수자보다 높게 입찰한 입찰자가 있다면 유동화 회사로부터 계약금을 돌려받고 무효가 된다. NPL 매수인은 잔금납부와 동시에 소유권을 취득하고, 해당 채권과 후순위 채권은 모두 촉탁등기로 말소된다.

■토지등기부 (채권액합계 : 1,328,937,075원)

No	접수	권리종류	권리자	채권금액	비고	소멸여부
1(갑34)	2014.06.09	소유권이전(매매)	▇▇승강기(주)			
2(을15)	2014.06.09	근저당	▇▇은행 (학익동지점)	696,000,000원	말소기준등기	소멸
3(을16)	2014.06.09	근저당	본▇▇▇	100,000,000원		소멸
4(갑35)	2016.03.29	가압류	회생회사(주) ▇▇▇ ▇▇	43,601,800원	2016카단 ▇▇▇▇	소멸
5(을17)	2016.04.12	근저당	(주)▇▇▇엘리베이터	100,000,000원		소멸
6(갑36)	2016.05.19	가압류	▇▇▇▇▇엘리베이터코리아(주)	28,160,000원	2016카단 ▇▇▇	소멸
7(갑37)	2016.05.26	가압류	▇▇카드(주)	55,535,506원	2016카단▇▇▇	소멸
8(갑38)	2016.07.20	가압류	(주)▇▇▇기업	27,171,222원	2016카단▇▇▇	소멸
9(갑39)	2016.07.27	가압류	신용보증기금	255,000,000원	2016카단▇▇▇	소멸
10(갑40)	2016.11.07	가압류	안▇▇	16,358,147원	2016카단▇▇	소멸
11(갑41)	2016.12.21	가압류	김▇▇	7,110,400원	2016카단▇▇▇	소멸
12(갑42)	2016.12.30	임의경매	▇▇은행 (여신관리부)	청구금액: 673,234,725원	2016타경▇▇▇	소멸
기타사항	☞ ▇▇▇ 3-7토지, ▇▇▇ 3-7건물 등기부상					

유동화 회사는 배당일에 채권권리행사 최고금액 6억 9,600만 원을 배당받게 되고, NPL 매수자는 유동화 회사와 사후정산 방식으로 6억 5,000만 원은 돌려받는다.

사후정산 방식의 장점으로는 첫째, 계약 시 매입금액의 10% 계약금만 지급하고 매입할 수 있다. 둘째, NPL 물건인지 노출이 되지 않아 경락잔금대출을 쉽게 받을 수 있다. 셋째, 낙찰 가능성이 99.9%로 매우 높다. 넷째, 낙찰 후 높은 경락잔금대출을 받을 수 있다. 다섯째, 낙찰가액으로 대출받으므로 소액 투자가 가능하다. 여섯째, 낙찰가액이 취득가액으로 양도소득세 절세효과가 있다.

사후정산 방식의 단점으로는 첫째, 반드시 입찰에 참가해야 하는 번거로움이 있다. 둘째, 차액보전방식(Cap)이 있는 경우 매수인에게 불리할 수 있다. 셋째, 채무인수와 다르게 상계신청 불가로 경락잔금대출 대금을 납부해야 한다. 넷째, 채권자(유동화 전문회사)가 배당금을 받고 사후정산으로 돌려받는다. 다섯째, 취득세를 납부해야 한다.

이 물건에는 16명이 입찰해서 차 순위금액이 6억 9,000만 원이었다. 이처럼 사후정산 방식으로 입찰해서 원하는 물건을 반드시 낙찰받을 수 있다. 이 채권을 매입 후 매각(낙찰)가 86%로 대출을 받아 잔금을 납입했다.

설정액 696,000,000원(1순위)

양수인 ○○○○제이차유동화전문유한회사(양도인 : (주) 우리은행)

감정가 729,800,210원

최저가 705,000,000원

청구액 673,234,725원

유동화전문회사 인수금 580,000,000원

→ ○○AMC 625,000,000원 → 입찰참가조건부(사후정산 방식)

낙찰자(생산업체 공장운영자-김○○ 대표)

입찰참가 금액 705,000,000원

금리는 연 2.9%다. 그리고 현재 채무자겸 소유자와 보증금 3,000만 원/월 280만 원으로 재계약을 했다. 연 수입 33,600,000원, 경락잔금대출 연 이자(연 2.6%) 14,600,000원을 제하면 19,000,000원이다. 결국 월 158만 원의 수익이 발생한다. 현금 투자는 6,300만 원이다.

유동화 전문회사는 580,000,000원에 우리은행으로부터 매입 후 650,000,000원에 사후정산 방식으로 매각했다. 존 록펠러 님이 소속된 ○○AMC는 650,000,000원의 수수료(4.5%)인 30,000,000원(법인세 소득세 등)을 받고 실소유자에게 매각했다.

(유동화 전문회사 수익분석)=7.11%

625,000,000-583,480,000원(580,000,000원+3,480,000원)=41,520,000원(수익)/583,480,000원

(○○AMC 수익분석) 625,000,000×4%=25,000,000원

NPL 채권은 625,000,000원에 매입했다. 낙찰금액 705,000,000원에 입찰해서 사후정산 방식으로 80,000,000원을 돌려받는다.

채권 매입 625,000,000원

수수료 25,000,000원

취등록세 35,000,000원

총 투자금 685,000.000원

경락대출 560,000,000원, 연 3.87%, 1년 이자 21,672,000원

중기대출 80,000,000원, 연 2.80%, 1년 이자 2,240,000원-정
책자금 추가대출

대출금액 640,000,000원 이자 합계 23,912,000원

임대금액 30,000,000원/월 3,000,000원(150만 원, 2곳 임대)
연 월세 36,000,000원

현금 투자 15,000,000원(45,000,000원-30,000,000원)

순수익금 30,000,000원/월 3,000,000원(150만 원, 2곳 임대)
연 월세 36,000,000원

수익률 12,088,000원/15,000,000원=80.58%(수익률)

NPL 채권 625,000,000원

낙찰금액 705,000,000원(사후정산 방식-80,000,000원) 차후 유
동화전문회사로부터 돌려받습니다.

NPL 채권 625,000,000원

수수료 25,000,000원

취등록세 35,000,000원

총 투자금 685,000,000원

경락 대출 560,000,000원(기업은행, 연 3.87%) 1년 이자
          21,672,000원

중기 대출 80,000,000원(기업은행, 연 2.80%) 1년 이자
          2,240,000원-추가 중기 대출 저금리 대출

대출 금액 640,000,000원   연 이자 23,912,000원

현금 투자 15,000,000원=45,000,000원-30,000,000원(보증금)

임대 금액 30,000,000원/월 3,000,000원(150만 원 2개) 연 월세
          36,000,000원

순수익금 36,000,000원-23,912,000원=12,088,000원

수익률 12,088,000원/15,000,000원=80.58%(수익률) 본인이
공장 일부 사용, 2곳은 임대 중, 20년 동안 3,000만 원, 월 280만
원씩 공장 임대료 지급.

유동화 전문회사로부터 입찰 참가 조건부 사후정산 방식으로
매입한 공장 중 일부는 앞서 말했던 비누 공장 운영자 김 대표
님이 제조공장으로 사용하고 있다. 20년 동안 3,000만 원 보증
금에 월 280만 원씩 공장임대료를 주었던 것을 많이 아쉬워 하
시는 모습이 지금도 눈에 선하다. 1일 완성반에 변리사 사무실
에 오랫동안 근무했던 분이 계셔서 이 AMC를 소개해드려서 이
곳에 왔다. 제품을 특허 내면 좋겠다고 말해줬다.

그리고 NPL 실제 매입자도 6,300만 원을 투자하고 월 158만 원의 수입이 발생한다. 2년 후 7억 5,000만 원에 재매각 시 1억 원 (7억 5,000만 원-6억 5,000만 원) 매매차익이 발생해 양도소득세 (50%) 5,000만 원을 내야 하지만, 사후정산 방식으로 매입하면 재매각 시 실제 705,000,000원+33,840,000원(등기비용)+2,500,000원(기본공제)=741,340,000원으로 매매차익은 8,660,000원으로 양도소득세도 45,670,000원(50,000,000원-4,330,000원) 절세된다.

06 수익형 부동산 특수물건^{목욕시설} 고수익 투자법

재테크의 3원칙은 '수익성, 안전성, 유동성'이다. 이런 측면에서 NPL 채권 투자는 수익성에 더해 원리금을 보장받는 안전성, 중도에 돈이 필요할 때 현금화 할 수 있는 유동성과 환금성까지 있다.

우리가 '금수저'를 입에 물고 태어나지 않은 이상, 24시간 지출이 있는 현실에서 현재 수입(Income)으로 모든 지출을 해결해야 한다. 대학을 졸업하고 사회생활을 시작함과 동시에 결혼자금, 주택구입자금, 학자금, 노후자금에 대한 책임은 물론, 부모님의 노후도 책임을 져야 한다. 그렇다면 평범하게 태어난 우리는 어찌하면 좋을까? 이제 막 사회생활을 시작한 사회초년생이라면 더더욱 재무 설계의 필요성과 월급을 모으는 다양한 방법, 재테크를 할 때 주의해야 할 마음가짐이 필요하다. 재테크의 시발점은 종잣돈이고, 종잣돈을 모으기 위해서는 소금 냄새 물씬 나는 짠돌이 생활을 5년은 해야 한다. 그러고도 허리띠를 졸라매고 100세 시대를 준비해야 한다. 지금부터 꼼꼼하게, 적극적으로 재테크를 하자.

1. 소득공제 상품 – 월급의 10%

1) 만능통장

이 상품의 원래 기능은 '주택청약용'이다. 새 아파트를 분양받기 위해 2년간 입금해야 하는 통장인데, 이 통장은 남 몰래 이자율이 좋다. 2년 이상 넣어두면 연 3%의 금리를 적용받을 수 있다. 여기에 보너스로 최대 240만 원 한도 내로 낸 금액의 40%를 소득공제도 해준다. 예를 들어 한 달에 50만 원씩 납입하면 240만 원의 소득공제 혜택을 받을 수 있다.

2) 소장펀드

소장펀드는 펀드의 수익과 소득공제의 혜택을 함께 얻을 수 있는 상품이다. 매월 50만 원까지 납입액의 40%까지 소득공제 혜택을 받을 수 있는 좋은 펀드 상품이라고 할 수 있다. 단, 연봉(총 급여)이 5,000만 원 이내여야 한다. 앞으로 연봉이 많이 올라 소장펀드 대상자에서 원하지 않게 제외되시기를 바란다.

만약 월급이 300만 원이라면 만능통장에 10만 원, 소장펀드에 20만 원 정도 넣기를 권한다. 소득공제를 많이 받기 위해 더 넣고 싶겠지만 이 상품들은 장기간으로 유지해야 하는 것들이라 삶의 변수들을 고려해야 한다.

2. 직접 투자 상품 – 월급의 10% 이내

'주식을 하기 전에는 한강물의 온도를 확인하라'는 우스갯소리가 있다. 그만큼 주식으로 돈을 얻기보다는 잃을 가능성이 높다. 그렇기에 월급의 10% 이내에서 주식에 투자하기를 권한다. 혹시라도 좋은 정보를 술자리에서 얻었다고 해서 한 방에 몰아서 투자하는 일은 결코 없어야 한다.

3. 보험 – 월급의 10% 이내

마지막으로 돈 모으는 방법은 보험이다. 남성은 종신보험, 여성은 실손보험 위주로 구성해보자. 젊은 시절에는 할인을 많이 받을 수 있으니 가급적 일찍 가입하는 것이 좋다. 논쟁의 여지가 있지만 변액보험 같은 투자성 상품은 일단 피하자. 비과세 등의 장점은 있지만 보험은 보험으로만 활용해야 하기 때문이다.

다음은 특수물건과 관련한 틈새 전략 투자법이다. 최근 경매가 대중화되면서 일반적인 물건으로 큰 수익을 내지 못하는 투자자들이 더 높은 수익률을 올릴 수 있는 특수물건 경매로 시선을 돌리는 사례가 점차 늘고 있다. 경매 5대 특수물건이란 유치권, 법정지상권, 재매각사건, 위반건축물, 토지별도등기 등 전문적인 권리분석과 법률적인 이해가 필요한 물건을 말한다. 그러나 높은 수익률만 기대하고 특수물건 경매에 뛰어들다가 복잡한 법적 분쟁에 휘말리거나, 낙찰금액 이외에 추가 비용을 내야 하는 등 손실을 볼 가능성이 커 신중한 판단이 필요하다.

유치권에 대한 전문가 분석을 시작으로 법정지상권, 재매각 사건, 위반건축물 사건 등의 입찰로 부자가 되는 투자자들이 있다. 최근 토지별도등기 사건에 관한 전문적인 분석으로 경매 5대 특수물건에 대한 투자만을 주로 투자하는데 전문변호사를 동반해 진행한다. 한편 최근엔 일반인들도 경매 고수가 돼 특수물건에 입찰하며 점점 관심을 높이는 상황이다. 하지만 특수물건은 단순 권리분석이 아닌 전문가의 정확한 정보 분석이 필요하다.

사건번호 (물번)	사진	물건종류 및 소재지	감정가 최저입찰가	진행 상태	입찰일자 (시간)
16-		근린상가 경기도 시흥시 ○○○ ○○, ○○ ○○○○ ○○ ○○○ ○ 건물 1612.425㎡(487.8평), 토지 491.78㎡(148.8평)	1,403,000,000 687,470,000 1,100,075,000	낙찰 (49%) (78%)	2017.06.29 옥(10:30)

경기도 시흥시 W 프라자 401호[채권자 : ㈜ A 대부(사당(새)의 양수인)]

토지 491.78㎡(148.8평) 건물 1,612.425㎡(487.8평)

감정가액 1,403,000,000원(2016.05.31)

매각가액 1,100,075,000원(2017.06.29)

근저당권 845,000원(새마을금고 채권양수인 → A 대부) 2012.11.14-말소기
준권리

NPL 매입 662,816,630원, 대출 금액 530,000,000원

530,000.000원×399/365(2016.08.11.~2017.09.10=399일)×6.5%
=37.659.041원

총 투자금 62,816,630원+5,256,000원(이전비)+37,659,041원(질권 이자)
=705,731,871원(총 투자액)현금 투자 205,731,871원
=705,731,871원(총 투자액)-530,000,000원(NPL 질권 대출)

청구금액 662,816,630원

매각금액 1,100,075,000원

그러나 근저당권을 매입한 론세일 투자로 채권최고액 이상을 배당 못 받는다.

설정 금액 845,000,000원-7,391,658원-705,731,871원=131,876,471
원 /205,731,871원=64.10%(수익률)

2016다경		수원지방법원 안산지원 2계(031-481-1194) 매각기일 2017.06.29 목(10:30)			← 이전	목록	다음 →
소재지		경기도 시흥시		지도보기	도로명주소검색		
도로명주소		경기도 시흥시					
물건종별	근린상가	개시결정	2016-05-12		사건명		임의경매
전용면적	1612.43㎡ (487.8평)	소유자	홍		감정가		1,403,000,000
대지권	491.78㎡ (148.8평)	채무자	김		최저가		(49%) 687,470,000
매각물건	토지·건물 일괄매각	채권자	새마을금고		보증금		(10%) 68,750,000

[입찰진행내용]

구분	입찰기일	최저매각가격	결과
1차	2017-04-20	1,403,000,000원	유찰
2차	2017-05-25	982,100,000원	유찰
3차	2017-06-29	687,470,000원	

낙찰 : 1,100,075,000원 (78.41%)

(입찰13명,낙찰:정 외1)

매각결정기일 : 2017.07.06 - 매각허가결정

대금지급기한 : 2017.08.11

대금납부 2017.08.04 / 배당기일 2017.08.29

배당종결 2017.08.29

■ 물건현황
· 감정원 : 감정평가 / 가격시점 2016.05.31

구분	위치	사용승인	면적	이용상태	감정가격	기타
건물	8층중 4층	00.02.22	1612.425㎡	근린생활시설(공실)	982,100,000원	
토지	대지권		3305.8㎡ 중 491.78㎡		420,900,000원	

현황·위치 주변환경	· 사거리 남동측 인근에 위치하며, 주위는 각종 주거용 건물과 근린생활시설이 혼재된 주거및상업지대로 형성되어 있음. · 간선도로인 (42번국도)와 100미터 이내의 도로거리로서 대중교통시설 및 간선도로 접근성 무난함. · 사다리형에 가까운 오각형 평지로서 1동의 집합건물 부지로 이용되고 있음. · 3면이 폭 60미터, 80터 및 100터 도로와 각각 접하여 도보통행 및 승용차 접근성 무난하음.
참고사항	· 본건은 층전에 목욕탕으로 사용되었으나 현장조사일 현재 공실로서, 목욕탕시설 철거 후 내부정리 및 마감공사가 완료되지 않은 상태임. · 공부상 근린생활시설(목욕탕,헬스크럽,미용실) 용도의 건물로서, 현재 공실임. ☞ 현황서상 점유내용 : 현재 내부를 헐고 공사를 진행하다가 중단한 상태로 관리소장에게 확인한 바 본인도 언제부터 공사가 중단되었는지 모른다고 함. 1층은 식자재 도매센타,2,3층은 요양병원 임.

■ 임차인현황
· 말소기준권리 : 2012.11.14 · 배당요구종기 : 2016.08.01

=== 조사된 임차내역 없음 ===

기타사항	☞목적물에 대하여 현황조사차 방문하였으나 폐문부재로 소유자 및 점유자를 만나지 못하였음. ☞ '안내문'을 부착하여 두었으나 점유관계를 확인할 수 없으므로 가까운 발행관서에서 확인한 전입세대열람 내역 결과를 기재함. ☞ 전입세대열람 내역에 등재된 내역 없음.

■ 등기부현황
(채권액합계 : 1,001,200,000원)

No	접수	권리종류	권리자	채권금액	비고	소멸여부
1(갑1)	2007.02.21	소유권이전(매각)	홍		강제경매로 인한 매각	
2(을1)	2012.11.14	근저당	(주) 리츠 새마을금고	845,000,000원	말소기준등기 확정채권대위변제: 새마을금고	소멸
3(갑2)	2013.08.16	가압류	보증보험(주)	40,000,000원	2013카단	소멸
4(을2)	2014.08.11	근저당	오	65,000,000원	확정채권양도전:유	소멸
5(갑3)	2014.10.20	압류	시			소멸
6(을3)	2015.10.22	근저당	새마을금고	18,200,000원		소멸
7(을4)	2015.10.22	근저당	새마을금고	13,000,000원		소멸
8(갑6)	2016.02.05	가압류	경기 수원	20,000,000원	2016카단	소멸
9(갑7)	2016.05.13	임의경매	새마을금고	청구금액: 662,816,630원	2016다경	소멸

주의사항	☞유치권신고 있음-2017. 5. 23. 종합건설 주식회사로부터 공사대금 235,000,000원의 유치권신고가 있으나 그 성립여부는 불분명함 ☞유치권배제 신청-2017.05.30 채권자 주식회사 리츠대부(새마을금고의 양수인) 유치권배제신청 제출 ☞경매신청 채권자로부터 경매개시결정 전 유치권이 발생할 만한 원인(도급공사계약 관계가 성립되지 않았고, 점유와 명인 없었음)이 전혀 없었으므로 유치권자라고 주장하는 종합건설 주식회사는 허위의 유치권자라는 취지의 유치권 배제 신청서 제출함.

점유관계 미상인 ○○○케이종합건설(주)에서 유치권을 신고했는데, 법원 현황조사내역에는 '현재 내부를 헐고 공사를 진행하다가 중단한 상태이다' 라는 조사내용만 있다. 즉, 유치권을 주장하는 점유자나 게시문 등 어떠한 표식(表式)도 일체 확인된 사실이 없다는 점을 감안하면, 신고인의 미점유를 추정할 수 있다. 점유가 유치권의 성립요건이자 존속요건인데, 경매개시결정일 이후에 점유를 이전받은 경우에는 유치권이 성립할 수 없다는 대법원 판례(2006다22050호)가 있다.

매각대상 건물이 2000년에 보존등기 됐는데, 이와 같은 집합건물은 건물 자체 공사대금 외에 유익비(건물의 가치증가 비용)나 필요비(현상 유지보수비용) 지출로 인해서 유치권이 성립하는 실무사례가 거의 없고, 1회 유찰되고 2회 차 매각기일에 임박해서 갑자기 신고한 점까지 감안하면, 유치권이 성립하기는 어려울 것으로 예상된다.

임대수요는 매각물건명세서에 '종전에 목욕탕으로 사용됐으나 현재 공실로서, 목욕탕 시설 철거 후 마감공사가 완료되지 않았다'라는 내용이 있다. 임대수요(수익)와 연체관리비 및 수리비용 등에 대한 탐문조사를 해보는 등 사후 활용방안을 마련하고 입찰해야 한다.

현황조사차 방문했으나 폐문부재로 소유자 및 점유자를 만나지 못했다. 안내문을 부착해뒀으나 점유관계를 확인할 수 없으므로 가까운 발행관서에서 확인한 전입세대열람내역 결과를 기재했다(전입세대열람내역에 등재된 내역 없음).

현재 내부를 헐고 공사를 진행하다가 중단한 상태로 관리소장에게 확인하니 본인도 언제부터 공사가 중단됐는지 모른다고 했다.1층은 식자재 도매센터, 2, 3층은 요양병원이다.

Chapter 05

옥석 가리는 성공적인
GPL 투자자 비밀노트

01 저금리 시대, GPL에 주목하라

재테크 수단 중 가장 높은 수익률을 올리는 방법은 부동산 투자다. 그렇다면 부동산 투자처를 한 번 나눠 보도록 하자. 첫째, 분양권에 투자하고 1년 후 프리미엄을 받고 판다. 둘째, 아파트를 전세 끼고 갭 투자해서 시세차익을 얻는다. 셋째, 수익형 부동산에 투자해서 수익률을 높인 후 시세차익을 얻는다. 넷째, 경매로 시세보다 저렴하게 낙찰받은 후 시세차익을 낸다. 다섯째, 역세권 토지를 매입 후 시세차익을 얻거나 재개발 재건축으로 수익을 낸다. 여섯째, NPL 채권을 저렴하게 매입 후 배당받는다. 그러나 이 중에서 앞으로 NPL 투자로 배당수익을 내기는 쉽지 않게 됐다. 은행, 보험, 저축은행, 카드사 등 금융사들이 연체 가산 금리의 최고 한도를 연 3%p(2018년 4월 30일 시행)로 내렸기 때문이다.

내가 근무하는 금융기관을 예로 들면, 예전에는 4% 금리를 쓰고 있는 담보대출자가 연체가 됐을 때 1개월까지는 8%, 3개월까지는 9%, 3개월 초과 연체 시 10%로 기간별 가산 금리를 적용했다. 따라서 연체로 경매가 진행 시 3개월 초과 연체 대출자이므로 4%(적용금리)+10%(기간별 연체 가산 금리)로 14%까지 연체 이자를 받게 돼 있었다. 그러나 현재는 연체 가산 금리를 3%까지만 적용했기 때문에 적용 시 4%(적용금리)+3%P(기간별 연체)로 가산 금리를 최고 7%P만 받는다. 질권 대출금리 연 7.5%(M 저축은행)기준일 때 근저당권 이전 비용을 감안하면 역마진이다. 이렇게 된다면 부실채권 매입자가 줄어들게 되고 자기자본(BIS) 비율을 맞춰야 하는 부담감이 있는 금융기관이 포기한 이자를 NPL 매입으로 수익을 얻어야 한다. 이런 물건을 찾아야 하는 번거로움이 또 생긴다. 그러므로 배당수익을 목적으로 하는 론세일(채권양수도계약)은 의미가 없어진다.

NPL 법인뿐만 아니라 개인 투자자도 틈새 시장으로 신탁물건을 시세보다 3,000~4,000만 원 저렴하게 신탁회사로부터 수의계약 매매계약으로 매입할 경우 시세차익 1,500만 원에서 2,000만 원 시세차익은 가능하다. 또한 토지에 대해서 최대 15% 할인받아 재매각 또는 건축 신축으로 수익을 내는 방법을 찾아보면 좋을 듯하다. 그리고 저축은행의 8% 이상 금리가 적용되는 NPL 물건을 매입 후 배당을 생각하는 방법도 좋다.

이번 연체 가산 금리 인하는 취약계층의 금리 부담을 덜어주기 위한 조치다. 연체 가산 금리 인하는 연체 기간과 대출 종류와 관계없이 국내 모든 대출에 적용된다. 중소기업·대기업 등에 내준 기업대출과 주택담보대출, 신용대출, 자영업자 대출 등 모든 대출의 연체 가산 금리는 최대 연 3%까지만 허용된다. 이전에 3% 이상 연체 가산 금리를 물었던 대출자의 경우도 연체 가산 금리가 3%로 일괄적으로 내려간다. 이렇다 보니 NPL(부실채권) 투자보다는 GPL(정상채권) 후순위 담보대출에 대한 관심이 높아지고 있다. GPL 투자는 아파트 담보로 선순위 대출 후 후순위 LTV(담보비율) 85% 범위 내 안전한 투자다. 다음은 VIP 실전반 2기분이 투자한 GPL 후순위 대출이다.

🔍 사례 분석

GPL 후순위 담보대출 내역

물건현황

KB 시세가①	330,000,000원	매매가액 (월세가액)	335,000,000원 3,000만 원/월 73~78만 원
1순위대출② (설정 금액)	219,000,000원(새마을금고) (262,8000,000원)	1순위 이율	연 3.8%/연체 최고 연 17%
2순위 대출③ (설정 금액)	50,000,000원 (75,000,000원)	2순위 이자	연 24%
담보비율(LTV) ②+③ / ①	269,000,000원/330,000,000원 =83%	자금용도 채무자직업	가계자금
담보물 주소	인천광역시 남동구 E 아파트 116동 6층 6**호 아파트 84.96m²(32평형) - 1,733세대		

아파트 시세

공급/ 전용면적(m²) 84.96	매매가액			전세가액		
	하위 평균가	일반 평균가	상위 평균가	하위 평균가	일반 평균가	상위 평균가
	460,000,000	480,000,000	500,000,000	390,000,000	400,000,000	410,000,000
조사방법	□ 자체조사 : □ 조사업체 : ○○○ 공인중개사 □ 주변여건 : ○○중학교, 초등학교, 국민은행, ○○산공원, K병원					
채권보전 방법	■ 국세납부증명원, 지방세납부증명원, 전입세대열람확인원, 　지방세 세목별 과세증명원, 사실증명원(당해세 체납 여부 확인), ■ 여신품의서, 대출거래약정서(금전소비대차약정서), 전입세대확인서, 　근저당권 설정계약서, 대위변제신청서, 대위변제동의서, 　개인신용정보활용동의서, 가등기설정계약서, 기타					
채권보전 방법	**[GPL 투자자 수익 분석]** GPL 투자금 50,000,000원×24%=12,000,000원 GPL수수료 50,000,000원×4%=2,000,000원(모집인 수수료 3%, 채권심사수수료 1%) 수익 분석(1) 12,000,000원-2,000,000원=10,000,000원/50,000,000원=20%(수익률) 수익 분석(2) 12,000,000원/52,000,000원=23%(수익률)-수수료를 투자금 계산 시 수익 분석					

채권보전 방법	**[1순위 대위변제 수익 분석]** 대위변제수익 219,000,000원×17%=37,230,000원 대위변제대출 197,000,000원, 현금 투자금 22,000,000원 질권 대출 이자 197,000,000원×7.5%=14,775,000,000원 저당권이전비 262,800,000원(농협)×0.6%=1,572,000원 수익 분석 37,230,000원-14,775,000원-1,572,000원=20,883,000원/22,000,000원 =94.92%

219,000,000원(1순위 새마을)+50,000,000원(2순위 투자자)=269,000,000 원/330,000,000원=83.41%(LTV-담보비율)이다. 월 수익, 매월 1,000,000 원을 받는다. 당초 약정을 대부 최고금리 연 24%로 약정을 했기 때문이다. 만약 1순위가 연체되면 1순위 대위변제로 수익을 더 얻을 수 있다.

대부거래 표준계약서

본인 등은 아래의 대부거래 계약에 대해서 별첨 대부거래 표준약관을 승낙하고 성실히 이행하겠습니다(굵은 선 부분은 채무자가 자필로 기재합니다).

– 계약내용 –

대부업자	상호 또는 성명	○○대부 주식회사 (인)	TEL	
	사업자등록번호	145-**-*****		
	대부업등록번호			
	주소	경기도 ○○시 ○○로		
채무자	성명	○○○	TEL	010 –
	생년월일(성별)			
	주소	인천시 남동구 K아파트		
보증인	성명	(인)	TEL	
	생년월일(성별)			
	주소			
	보증채무내용	계약일자		
		보증기간		
		보증채무 최고금액		
		연대보증여부		

대부금액 (채무자가 실제 수령한 금액)		금 오천만 원정(₩50,000,000)			
이자율	월이율	23%	연체 이율	월이율	23%
	연이율	24%		연이율	24%
※ 현행 대부업 등의 등록 및 금융이용자 보호에 관한 법률에 따른 최고 이자율은 연 24%입니다.					
계약일자(대부일자)		2018.03.23			
대부기간 만료일		2019.03.22			
분할 상환일					
이자율의 세부내역					
은행계좌번호					
변제방법		1. 대출금의 상환 및 이자의 지급은 은행송금(채권자 입금계좌) 등 당사자 　가 약정한 방법에 의한다. 2. 내출금의 싱환 및 이자의 지급은 비용, 이지, 인금순으로 충당한다.			
조기상환조건 (중도상환수수료율)		중도상환수수료 없음, 설정비 본인 부담			
부대비용의 내용 및 금액 (자세하게 기재할 것)		이자 상환일 매월 25일			
채무 및 보증채무 증명서 발급비용			채무 및 보증채무 증명서 발급기한		

※ 채무자는 다음 사항을 읽고 본인의 의사를 사실에 근거해서 자필로 기재해서 주십시오.
(기재 예시 : 1. 수령함, 2. 들었음, 3. 들었음)

1. 위 계약서 및 대부거래표준약관을 확실히 수령했습니까?	수령함.
2. 위 계약서 및 대부거래표준약관의 중요한 내용에 대해서 설명을 들었습니까?	들었음.
3. 중개수수료를 채무자로부터 받는 것이 불법이라는 설명을 들었습니까?	들었음.

02 GPL 재테크로 노후 준비를 시작하자

이자제한법 3% P 적용 이후 내가 만난 NPL 투자자들은 이자 제한법과 상관없이 NPL 투자를 하고 있었다. 특수물건(유치권, 지분경매, 법정지상권, 선순위 임차권 등) 무담보채권 40% 이상 저렴하게 매입 후 고수익을 얻고 있다. 한 NPL 투자자에게 물었다.

"무담보채권은 원금 손실 가능성도 있고 불안하지 않나요?"

그랬더니 이런 대답이 돌아왔다.

"제일 안전한 구조로 돼 있어 지금까지 5년 이상 저축은행으로 무담보채권을 매입 후 투자하고 있는데, 안전합니다. 왜냐하면 채무자의 직업과 소득을 보고 매입하기 때문입니다."

그래서 "GPL(정상채권-후순위 담보대출)을 아세요?"라고 묻자 "처음 듣는데요"라며 궁금해했다. GPL은 후순위 담보대출 투자 또는 2순위 아파트 대출 채권 매입 후 투자 수익을 얻는 구조라고 설명하면서 아파트 담보 선순위 대출 후 2순위 대출 한도 85% 대출로 원금 손실 없이 고수익을 낼 수 있다고 말해줬다. 오히려 3% 이자제한법은 GPL 투자에 더 안전하다고도 덧붙였다.

예를 들면 서울 소재 아파트 시세가 10억 원이라고 할 때, 아파트 담보비율(LTV)은 40%다. 그렇다면 1순위 은행 대출금 한도는 4억 원이다. 채무자(소유자)는 더 많은 대출을 받아 유통 사업에서 60% 이상 수익을 얻을 수 있는 채무자다. 그런데 담보대출 한도가 적기 때문에 후순위로 추가대출 4억 5,000만 원(담보비율 85% 범위 내)을 요청하고, 처음부터 최고 이자 연 24%로 약정 체결한다.

450,000,000원 × 연 24% = 108,000,000원(연 이자)

450,000,000원 × 4% = 18,000,000원(모집수수료 3%, 채권심사수수료 1%)

108,000,000원 − 18,000,000원 = 90,000,000원 / 450,000,000원 = 20%(월 750만 원)

은행의 1년 정기예금은 2%다. 은행에 맡기면 월 이자는 세전 이자 75만 원이다. 나는 NPL 투자자에게 "어디에 투자하시겠습니까?"라고 물었다. 그는 놀라면서 "정말 매달 이렇게 수익이 나온다고요?"라고 반문했다. 이에 나도 2,300만 원을 투자해서 월 46만 원의 수익을 내고 있다고 말해줬다. 그랬더니 그가 물었다.

"그런데 왜 이렇게 높은 이자를 주고 후순위 담보대출을 받는 거죠?"

"대부분 금융기관에서는 선순위 설정 금액을 차감하면 85% 만큼 채무자가 원하는 대출 한도가 되지 않고 신용등급이 좋지 않아 저축은행에 가지 못하는 경우가 많습니다. 그래서 후순위 담보대출이 인기가 높아지고 있습니다. 그리고 '어떻게 이런 물건이 매번 발생할 수 있을까?' 궁금할 것 같네요. 그것은 대출 모집인들이 광고 및 홍보하고, 카페와 SNS 등 수많은 네트워크로 연결하며, 저축은행 모집인으로 등록된 모집인들이 저축은행이나 P2P 업체에서 대출하지 못하는 물건들을 가져옵니다. 그렇지만 아파트만을 담보로 서울 수도권 500세대 매각가율 93% 이상이기에 부동산 경기 하락에도 85% 담보비율로 투자한 후순위 담보대출은 큰 타격 없이 안전하다고 볼 수 있습니다."

처남이 건축 일을 하는 관계로 토지 구입자금과 건축비를 지원해서 수익을 거둬 현금 여유자금이 50억 원이 되는 교육 사업가를 만났다. 이분에게 GPL 투자 수익법 정보를 공개했다. 그리고 원장님이 투자한 물건 사례다.

서울시 강서구 K 아파트 615동 9★★호, 39.6㎡, 1,467세대.
한강 조망권 있으며 역세권 물건이다.

345,000,000원(KB 시세)
355,000,000원(매매시세, 2018.03.27 매매가격)
2008년 7월 9일 매입한 아파트 매매가는 220,000,000원이었으나 현재시
세 로얄층으로 355,000,000원이다. 시세차익만 135,000,000원이다. 즉,
아파트 가격은 시울 수도권 상승세를 달리고 있으므로 GPL 투자는 더 안전
하다고 볼 수 있다.

| 3 | 소유권 이전 | 2008년 7월 9일
제56494호 | 2008년 5월 9일
매매 | 소유자 이◼◼ ★★★★★★-★★★★★★★
경사로 부천시 ◼◼◼◼ ◼◼◼◼ ◼◼◼◼◼◼ ◼◼◼◼◼
거래가액 금 220,000,000 |

[GPL 후순위 대출]

후순위 담보대출 80,000,000원, 연 21%

현재시세 355,000,000원~365,000,000원

        213,500,000원(1순위 SC은행)+80,000,000원(후순위 대출)

        =293,500,000원/355,000,000원(KB 시세)=82%(LTV)

투자 금액 80,000,000원×24%=19,200,000원

취급수수료 80,000,000원× 4%=3,200,000원

수익금액 16,000,000원=19,200,000원-3,200,000원

수익 분석 16,000,000원/80,000,000원=20%

GPL 후순위 담보대출 내역

물건현황 : 채무자 이○○

KB 시세가①	345,000,000원	최근 3개월 매매가액	1층 29,700만(1월) 33,500만~36,000만(10층)
1순위대출② (설정 금액)	213,500,000원(SC은행) (256,200,000원)	**1순위 이율**	3%대 (2015~2016년 대출)
2순위 대출③ (설정 금액)	80,000,000원 (120,000,000원)	**2순위 이자**	연 24%
담보비율(LTV) ②+③/①	293,500,000원/345,000,000원 =85.07%	**자금용도**	
담보물 주소	서울 강서구 K 아파트 6단지 아파트 전용면적 39.6㎡(17평) – 총 1,476세대 / 해당평형 432세대		

아파트 시세

공급/ 전용면적(m²) 51.96/ 39.6	매매가액			전세가액		
	하위 평균가	일반 평균가	상위 평균가	하위 평균가	일반 평균가	상위 평균가
	315,000,000	345,000,000	355,000,000	170,000,000	185,000,000	195,000,000
조사방법	□ 자체조사 : □ 조사업체 : ○○ 공인중개사 □ 주변여건 : ○○초등학교, ○○중학교, ○○고등학교, K역 도보 6분, 홈플러스, K대교 인접					
채권보전 방법	■ 국세납부증명원, 지방세납부증명원, 전입세대열람확인원, 　지방세 세목별 과세증명원, 사실증명원(당해세 체납 여부 확인), ■ 여신품의서, 대출거래약정서(금전소비대차약정서), 전입세대확인서, 　근저당권 설정계약서, 대위변제신청서, 대위변제동의서, 　개인신용정보활용동의서, 가등기설정계약서, 기타					

【표 제 부】 (전유부분의 건물의 표시)			
표시번호	접수	건물번호	건물내역	등기원인 및 기타사항
1 (전 1)	1993년 1월 15일	제9층 제905호	철근콘크리트벽식조 39.60㎡	
				부동산등기법 제177조의 6 제1항의 규정에 의하여 1999년 08월 06일 전산이기

(대지권의 표시)			
표시번호	대지권 종류	대지권 비율	등기원인 및 기타사항
1 (전 1)	1 소유권대지권	50581.3분의 26.678	1996년 11월 4일 대지권 1996년 12월 31일
			부동산등기법 제177조의 6 제1항의 규정에 의하여 1999년 08월 06일 전산이기

아파트 지역별 – 매매

[K 아파트 6단지] 서울특별시 강서구 ○○동(면적 : 39.6㎡)

기준 : 2018년, 단위(면적 : ㎡, 금액 : 만 원)

2018.01		2018.02		2018.03		2018.04		2018.05		2018.06	
계약일	거래금액 (층)	계약일	거래금액 (층)	계약일	거래금액 (층)	계약일	거래금액 (층)	계약일	거래금액 (층)	계약일	거래금액 (층)
	29,700(1)	1~10	34,500(11)	1~10	34,800(9)						
	35,300(14)		34,000(2)	11~20	33,700(4)						
11~20	33,800(13)	11~20	33,900(2)								
	34,300(11)	21~28	34,000(13)								
	33,500(3)										
	33,500(7)										
21~31	33,800(4)										

K 아파트 6단지 시세 변동 추이

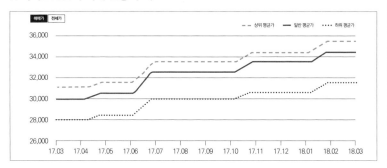

주변 단지 유사 면적대 시세 비교 (전용면적 60m² 이하)

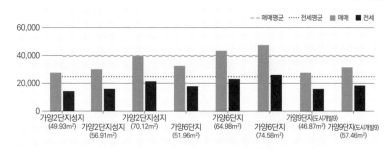

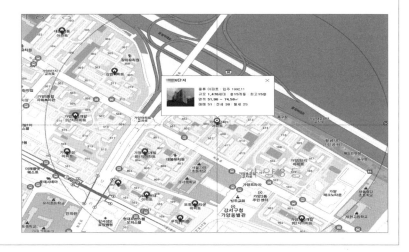

K 아파트 6단지 시세

서울 강서구

(단위 : 만 원)

공급/전용 면적(㎡)	매매가			전세가			월세가	
	하위 평균가	일반 평균가	상위 평균가	하위 평균가	일반 평균가	상위 평균가	보증금	월세
51.96/39.6	31,500	34,500	35,500	17,000	18,500	19,500	2,000	55~60
64.98/49.5	41,500	44,500	45,500	23,000	25,000	26,000	2,000	78~83
74.58/58.65	46,000	49,000	50,500	26,000	27,500	28,500	2,000	88~93

순위번호	등기목적	접수정보	주요등기사항	대상소유자
14	근저당권설정	2015년 12월 3일 제11471호	채권최고액 금 199,200,000원 근저당권자 주식회사 한국스탠다드씨티드은행	이○○
14-1	근저당권설정	2016년 10월 24일 제158534호	채권최고액 금 160,680,000원	이○○
16	근저당권설정	2016년 8월 3일 제83127호	채권최고액 금 61,440,000원 근저당권자 주식회사 한국스탠다드차타드은행	이○○
16-1	근저당권설정	2016년 10월 24일 제158527호	채권최고액 금 20,640,000원	이○○
17	근저당권설정	2016년 10월 20일 제154546호	채권최고액 금 74,880,000원 근저당권자 주식회사 한국스탠다드차타드은행	이○○
20	근저당권설정	2017년 11월 24일 제253937호	채권최고액 금 97,500,000원 근저당권자 주식회사 ○○캐피탈대부	이○○
20-1	질권	2017년 12월 13일 제267574호	채권액 금 78,000,000원 채권자 심○○	이○○

1순위 SC은행 총 설정 금액 256,200,000원(잔액 213,500,000원)

2순위 ○○대부 총 설정 금액 97,500,000원(잔액 75,000,00원)

→ 금번대환 80,000,000원 후순위 대출

03 옥석 가리는 GPL 투자, 대형 아파트 어떻게 요리할 것인가?

물가 상승이 아침마다 다른 요즘 같은 시대에 종잣돈을 모으는 건 쉬운 일이 아니다. 생활필수품은 물론, 인플레이션 영향으로 물가는 브레이크 없는 자동차처럼 계속 오르고, 유리지갑 샐러리맨 급여는 오르지 않으니 더더욱 목돈을 모으기가 힘들어진다. 나는 가끔 대리운전을 부르는데 기사님 직업을 물어보면 낮에는 다른 일을 하고, 퇴근 후 새벽 1~2시까지 투잡으로 일하는 샐러리맨들이 많아졌다.

재무 설계는 사회 초년생부터 일찍 시작하는 것이 정말 좋다. 정부에서도 10월 31일은 '저축의 날'로 정해 놓을 정도다. 절약과 검소한 일상생활을 유지하는 것도 좋지만, 일정한 목표를 가지고 매월 꾸준히 저축하는 습관이 종잣돈을 모으는 방법이다. 가장 중요한 것은 실천하고 따라 해보는 것부터다. 아무리 좋은 재무 설계를 받아도 본인이 행동하고 실천하지 않으면, 무

의미하다.

재무 설계 전문가로서 재무 설계를 해주다 보면 대부분 적금, 적립식 펀드에 투자하는 고객이 많다. 하지만 복잡하고 종류가 많기 때문에 어느 것이 맞는 것인지 잘 모른다. 그런 부분을 해결해주는 것이 재무 설계사이고, 또한 재무 설계를 받는 이유다.

일반적으로 48세 전후에 대부분의 사람들은 경제적 정년이 온다. 이럴 때를 대비해서 조금이라도 젊은 나이에 여유자금을 확보해야 한다. 최근에 비트코인으로 돈을 번 사람의 이야기를 들어봤다. 재테크 및 재무 설계 강의를 하는 40대 초반 여자분인데 500만 원에서 시작해서 6,000만 원까지 벌어봤다고 한다. 그리고 이분은 삶이 바뀌었다며 강의해서 어렵게 돈 버는 것보다 비트코인으로 돈 버는 게 낫다고 했다. 이후 다시 물어봤다.

"그럼 지금은 얼마까지 올랐나요?"

"다시 720만 원 정도, 원점으로 돌아왔습니다. 비트코인 운영 회사가 조작하고 대표는 구속됐어요. 이건 주식 투자와 같으며 투기예요. 주가 조작 같이 비트코인도 조작해서 많은 투자자들이 피해와 손실을 입고 비트코인 운영회사 대표를 고소했어요."

나는 안타까워서 GPL 투자 수익률을 설명했다. 그러자 그분은 너무 놀라며 "매월 이렇게 연 24%를 받는다고요"라며 놀라는 눈치다. 그래서 그 질문에 나는 자신 있게 "네"라고 말했다. 다음은 대형 아파트 GPL 투자 사례다.

이런 대형 아파트는 인수해서 한 지붕 두 가족 형태로, 한쪽은 자가로 거주하고 다른 한쪽은 임대로 수익을 올리면 좋을 듯하다. 요즘은 분양 트렌드가 현관, 주방 따로 한 지붕 두 가족이 뜨고 있기 때문이다. 한 지붕 두 가족 형태로 분양 시 초 단시일 분양 100%로 이뤄진다고 한다. 구조는 복층형, 쌍둥이형, 나눔형으로 1~2세대 맞춤형 분양 및 주거용과 임대형 겸용으로 분양한다.

[대부법인 GPL 투자 수익 분석]

대출 1순위는 H 생명에서 대출 취급했고, 2순위 후순위 담보대출을 취급한 상황이다. 내가 근무하는 금융기관에서는

KB 시세 1,375,000,000원×40%-34,000,000원=516,000,000원
담보대출 한도

KB 시세 1,375,000,000원×30%-34,000,000원=378,500,000원
담보대출 다주택자 대출 한도

대출 한도라고 말했으나 이미 신협에서 대출자서한 상황이라 그렇게 하지는 못했다.

1순위 H 생명 948,000,000원
2순위 후순위 대출 100,000,000원

[투자 사례]

투자 금액 100,000,000원×24.0%= 20,000,000원(정상 이자 1년)

투자 금액 100,000,000원×24.0%=24,000,000원(최고 이자 1년)

수수료액 100,000,000원×4.0%=4,000,000원(모집인 수수료(3%)

및 채권심사수수료(1%) 1번)

중도상환수수료 없는 조건으로 연 24% 받기로 약정했다.

최고 이자 24,000,000원(최고 이자 1년)-4,000,000원(수수료)

=20,000,000원

수익 분석 20,000,000원/100,000,000원=20%(월 1,666,666원)-

정상 이자①

수익 분석 20,000,000원/100,000,000원=연 20%(월 1,666,666원)-

최고 이자

은행에 1년 정기예금을 예치하면 연 이자 2,000,000원, 월 166,666원(세전 이자)이다. 100,000,000원을 투자하고 근저당권 설정을 150% 했을 때 이 금액 90% 근저당권 설정 담보대출을 받을 수 있다. 이를 '유동화 순환구조 투자'라고 한다.

나는 2순위 근저당권을 매입한 NPL 법인에 유동화 순환 대출을 해줬다. 2순위 근저당권을 10건 매입했는데 여러 건(Pooling)으로 묶어서 대출해줬다. 이때 1순위 근저당권 대출금이 연체가 되면 대위변제 목적도 있다.

GPL 후순위 담보대출 내역

물건현황

KB 시세가①	1,375,000,000원	매매가액 (월세가액)	1,375,000,000원
1순위대출② (설정 금액)	948,000,000원(H생명보험) (1,182,600,000원)	1순위 이율	연 3.5%
2순위 대출③ (설정 금액)	100,000,000원 (150,000,000원)	2순위 이자	연 24%
담보비율(LTV) ②+③ / ①	1,048,000,000원/1,375,000,000원 =76%	자금용도 채무자직업	가계자금
담보물 주소	서울 서초구 S아파트 505동 3**호 아파트 158.24㎡ - 77세대		

아파트 시세

공급/ 전용면적(㎡) 120.25/ 101.82	매매가액			전세가액		
	하위 평균가	일반 평균가	상위 평균가	하위 평균가	일반 평균가	상위 평균가
	1,325,000,000	1,375,000,000	1,425,000,000	1,050,000,000	1,075,000,000	1,100,000,000
조사방법	□ 자체조사 : □ 조사업체 : ○○ 공인중개사 □ 주변여건 : ○○국악원, ○○예술종합학교, ○○초등학교, ○○의 전당					
채권보전 방법	▣ 국세납부증명원, 지방세납부증명원, 전입세대열람확인원, 　지방세 세목별 과세증명원, 사실승낭원(낭해세 체납 어부 확인), ▣ 여신품의서, 대출거래약정서(금전소비대차약정서), 전입세대확인서, 　근저당권 설정계약서, 대위변제신청서, 대위변제동의서, 　개인신용정보활용동의서, 가등기설정계약서, 기타					

[유동화 순환 투자 시 수익 분석]

유동화 100,000,000원 × 90% = 90,000,000원,

　　현금 투자 10,000,000원

투자금 90,000,000원 × 24.0% = 21,600,000원(최고 이자 1년) -

　　연 수입 이자

투자금 90,000,000원 × 8.5% = 7,650,000원(○○ 저축은행 유동화

　　대출 이자)

투자금 100,000,000원 × 4.0% = 4,000,000원(모집인수수료(3%)

　　및 심사수수료(1%))

순이익 9,950,000원=21,600,000원(연 이자)-7,650,000원(대출
　　이자)-4,000,000원②

총 이익 29,950,000원=20,000,000원①+9,950,000원②

수익률 29,950,000원/110,000,000원=27.22%,

　　월 이자 2,495,833원, 은행에 맡기면 월 183,333원(세

　　전 이자)

04 저금리 시대, 알짜 GPL 재테크

매달 급여에서 사용자와 급여자가 반반씩 국민연금을 납입한다. 올해 월 200만 원 수급자가 첫 등장했다. 국민연금이 1988년에 시행된 지 30년이 넘어가면서 20년 이상 가입한 노령연금

(단위 : 만 명, 조 원, %)

연도	대상자수		재정전망				
	가입자	수급자	수입 (A)	지출 (B)	재정수지 (A-B)	적립금	GDP 대비 적립금 비율
2019	2,216	488	68.2	25.5	42.7	681.5	36.9
2020	2,204	522	72.9	30.0	42.9	724.3	37.7
2030	2,023	874	119.6	74.1	45.5	1,185.8	41.9
2031	1,998	916	123.6	80.9	42.7	1,228.5	42.0
2039	1,808	1,249	148.2	146.5	1.7	1,430.9	37.9
2040	1,776	1,290	140.6	156.6	−16.1	1,414.9	36.4
2050	1,495	1,601	131.4	277.7	−146.3	586.5	11.5
2054	1,380	1,645	114.0	328.5	−214.6	−163.9	–
2060	1,220	1,689	119.7	425.7	−306.0	–	–

출처 : 국회예산정책처

수급자는 32만 8,772명으로 2008년 1만 3,000명과 비교해 10년 새 25배로 늘었다.

노인 인구수는 2022년 65세 인구 15%에서 2040년 35%, 2060년 45%로 증가한다. 이렇게 빨리 급증하는 이유는 전체인구수 대비 노인 인구수 비중인데, 저출산으로 인해 인구수가 감소하고 노인 인구수가 증가한 것이다. 인구 고령화를 막기 위해서는 출산율을 높여야 한다.

장래인구 추계 : 2019~2060년   (단위 : 만 명)

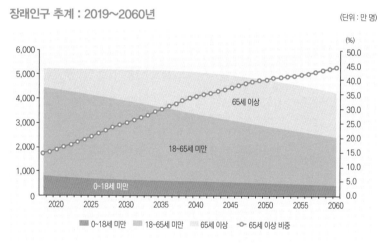

출처 : 통계청

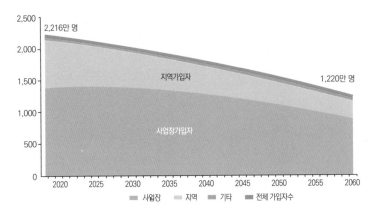

국민연금 가입자 추계 : 2019~2060년   (단위 : 만 명)

2,216만 명

지역가입자

1,220만 명

사업장가입자

■ 사업장   ■ 지역   ■ 기타   ■ 전체 가입자수

출처 : 통계청

　현재 국민연금 전체 가입자는 2,200만 명이고, 고령인구 증가
로 인해 2040년에는 1,800만 명, 2060년에는 1,220만 명으로 감
소할 것이다.

　이들은 매월 평균 89만 원의 연금을 받고 있다. 특히 작년에
월 100만 원 이상 수급자는 17만 2,218명으로 33% 늘었다. 월
150만 원 이상 수급자도 4,045명으로 314.9%나 증가했다. 작년
12월 말 현재 월 최고액 노령연금은 199만 4,170원이었지만, 올
해는 200만 원을 돌파했다. 하지만 100세 시대에 국민연금 수
령 연령은 늦춰지고 있고, 샐러리맨의 미래는 불안하기만 하다.
저금리 시대, 월급만으로는 살 수 없는 샐러리맨들의 알짜배기
재테크는 무엇이 있을까? 금융위기 IMF 직후와는 또 다른 상황
에 처한 지금이다. 어떠한 재테크가 성공하는 재테크인지, 저위

험 고수익을 보장하는 재테크 수단과 그 전략은 무엇이 있을까?

비트코인으로 3억 원을 벌었다는 무역업자가 있었다. 그는 480만 원에 매입 후 2,000만 원까지 가던 비트코인이 1,500만 원까지 떨어졌을 때 비트코인 매매차익으로 1억 원을 투자해서 3억 원을 벌었다고 했다. 그분 아들이 구글에 들어가 최신 정보 및 시세를 파악한 후 타이밍에 맞게 투자한 공이 커서 대학생인 아들에게 500만 원을 줬는데, 그 500만 원으로 5,000만 원 가치까지 올렸단다. 그리고 그 수익금을 내가 소속된 금융기관에 예치해줬다. 그러나 나는 그 사장님처럼 비트코인 투자에 대한 확신이 없다. 주식처럼 언제 곤두박질칠지 모르는 위험이 내포돼 있기 때문이다.

나는 대출과 전세를 끼고 갭 투자를 하거나 수익형 소액 투자로 임대 수익을 내고 있다. 경매로 오랫동안 투잡을 해왔고, 지금도 임대 수익이 지속적으로 발생하는 부동산이 여러 채 있다. 그러면서 NPL(부실채권)과 GPL(정상채권)에 관심이 생기면서 부실채권 투자로도 수익 창출을 하고 있다. 하지만 금융감독원의 가산 금리 조정으로 앞으로 NPL 론세일(채권양수도계약)은 불안하기만 하다. 그렇지만 여전히 위기 속에 기회는 있다. 이런 시장 경제의 틈새를 파고들어 수익을 얻는 이들이 있다.

작년 12월, 내 강의를 처음 듣고, 금년 2월 VIP 실전반에서 배운 대로 실천하는 성실한 젊은 사업가가 있다. 일산에 사는 S씨는 이런 상황에서 과감히 인천에 신축 아파트를 NPL 론세일로 매입했다. 배당받거나 시세보다 저렴하게 유입(직접 낙찰)해서 재매각 수익을 얻을 목적이다. S씨는 신탁수익권증서 담보로 신탁사와 매매계약체결로 내가 매매잔금 대출을 해줬다. 주안역 도보 5분 거리 전용면적 69㎡ 급매가 156,000,000원, 보증금 500만 원(1,000만 원)/월 70만 원(60만 원) 주거용 오피스텔이다. 그리고 GPL로 인천 남동구 아파트 외 2건과 금번 NPL 론세일 매입 등 다양한 투자를 하면서 고수익을 기다리고 있다.

🔍 사례 분석

인천광역시 남구 H 아파트 84.33㎡(33평형)

현재시세 270,000,000원
채권최고액 195,600,000원
매입금액 170,600,000원(원금 163,000,000원 및 이자 경매비용 포함 금액)
이전 비용 1,173,600원
대출 이자 9,959,671원
총 투자금 181,733,271원
질권 대출 153,000,000원, 연 7.2%
현금 투자 28,733,271원
예상 이자 163,000,000원×12.3%(19.5%-7.2%)×330/365일
　　　　=18,126,493원
순이익 18,126,493원-1,173,600원-9,959,671원=6,993,222원
수익률 6,993,222원/18,126,493원=38.58%

이 금액만큼 수지분석 돼 있었다. 그러나 경매 진행 과정에서 경매 취하 자금 대출(GPL)로 대출금을 갚았다. 금융기관에서는 신용등급 하락으로 대출이 되지 않았기에 GPL 취하 자금이 적격 대출이었다.

제3조(양도대금, 대금지급기일의 연장)

① 양도대금은 총 금 170,600,000원으로 한다.

② 양수인은 양도인에게 양도대금을 다음과 같이 일괄 지급한다.

지급일자	내역	금액
2018.03.12	계약금	18,000,000원
2018.04.12	잔금	152,600,000원
합계		170,600,000원

③ 양수인은 양도대금을 양도인이 지정하는 은행 계좌(○○ 144-**-*****)에 현금(대체)으로 입금하거나 양도인이 별도로 지정하는 방식으로 지급한다.

제4조(승인 및 권리 포기)

① 양수인은 자신이 직접 채무자, 양도대상채권, 담보권, 양도대상채권 및 담보권 관련 서류에 대해서 실사를 한 후 이 계약을 체결한다.

② 이 계약조항과 상치되는 여하한 것에도 불구하고, 양도인은 채무자의 재무 상태 및 변제 자력 또는 양도대상채권 및 담보권과 관련된 조건, 양도가능성, 집행가능성, 완전함, 대항요건, 양도대상채권 및 담보권 관련 문서의 정확성 및 그 양도 가능성을 포함해서 양도대상채권에 대한 여하한 진술 및 보장도 하지 아니한다.

③ 양수인은 양도인이 현재의 형식과 상태대로 양도대상채권 및 담보권을 양도함을 확인한다.

④ 양도인은 양도대상채권 및 담보권의 양도와 관련해서 어떠한 보증 또는 담보 책임을 지지 아니한다.

제5조(추심 금지)

양수인은 자신의 계산과 책임하에 채권 양수를 하며, 향후 '담보권' 소멸과 동시에 발생하는 잔존채권에 대해서 직간접적이라도 채무자에 대한 채권 추심을 원칙적으로 금지한다. 다만, 양도인이 동의하는 경우에는 그러하지 아니한다.

정부의 강도 높은 정책과 경기 불황이 지속되며, 은행 금리는 3% 저금리 턱걸이를 하고 있다. 이러한 때 마땅한 투자처를 찾지 못해 고민하거나 고민해본 사람이라면 한 번쯤 NPL(부실채권)이라는 말을 들어본 적이 있을 것이다.

지난해 7월 25일부터 대부업법이 개정 시행됨으로써 개인 투자자의 NPL 투자가 금지됐지만, 여전히 신탁수익권증서 담보대출은 신탁회사로부터 개인이 수의계약으로 매입해서 매매잔금을 투자가 가능하다.

NPL은 금융기관에서 3개월 이상 상환되지 않고 연체된 부실채권으로 금융기관에서는 연체 대출금을 줄일 목적으로 부실채권으로 근저당권을 매각한다. 이런 매각리스트 중에서 '흙속의 진주'를 찾는 것이 바로 투자의 묘미다. 하지만 NPL 권리분석, 우량물건 현장조사, 예상낙찰가 산정법과 예상배당표 작성법 등 배워야 할 내용들이 많다.

저금리 저성장 시대에서는 부동산 경매와 부실채권 투자의 양수레바퀴를 어떻게 활용하느냐에 따라 새로운 투자 방법이 생길 것이다. 위험 속에 기회를 찾아내는 NPL 전문가가 되기 위해서는 정보의 바다 속에 풍덩 빠져 실전 투자를 배워야 한다. 역세권 토지 등 개발행위가 가능한 곳과 인구 유입이 되는 부동산을 저렴하게 매입하는 투자 방법을 아는 것이 더 중요하다. 우리는 부실채권 투자로 보다 안정적인 투자처를 확산시킬 수 있는 기회를 꾸준히 만들 수 있다. 금융기관 매각담당자와 관계 형성을 계속하고, 경기 활성화뿐만 아니라 불황속에서도 지속적인 고수익을 내는 목표를 세우기를 바란다.

05 GPL 유동화 순환구조 투자법

4년 전 퇴직한 이모 씨(62세)는 연금 등을 합쳐 월 소득이 290만 원이다. 남들은 부럽다고 하지만, 속사정을 몰라서 하는 소리다. 서른이 다 되가는 딸이 아직도 취업준비생이다. 관리비, 생활비, 용돈으로 한 달에 150만 원 정도가 들어간다. 그리고 몸이 아픈 어머니의 요양 병원비로 한 달에 50만 원이 들어간다. 생활이 되지 않아 재취업을 하려고 하지만, 아파트 경비도 자리를 구하기가 쉽지 않다. 정년퇴직 뒤에도 뇌경색으로 쓰러진 어머니의 병원비와 다 큰 딸을 부양하게 될 줄은 몰랐다. 본인 건강도 점점 나빠져서 스트레스가 이만저만이 아니고, 노후는 갈수록 더 불안하다고 했다.

중산층 퇴직자들 역시 자녀들의 학업과 취업, 결혼자금으로 부담을 크게 느끼고 있다. 다 큰 자녀들을 부양하는 부담도 크지만, 목돈이 들어갈 일이 많기 때문이다. 그 중에서 가장 많이

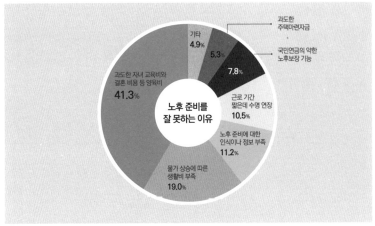

과도한
주택마련자금
5.3%

국민연금의 약한
노후보장 기능
7.8%

근로 기간
짧은데 수명 연장
10.5%

노후 준비에 대한
인식이나 정보 부족
11.2%

기타
4.9%

노후 준비를
잘 못하는 이유

과도한 자녀 교육비와
결혼 비용 등 양육비
41.3%

물가 상승에 따른
생활비 부족
19.0%

출처: 전경련 중장년일자리희망센터, 보험연구원

꼽는 것은 결혼자금과 주택마련자금이다. 결혼자금(예식비, 혼수
등)으로는 평균 6,300만 원, 주택마련(전세 포함)자금도 평균 1억
5,460만 원 정도가 소요된다. 이것만 해도 2억 원이 넘는다. 퇴
직자들이 쌓아둬야 할 노후 자산의 30%가 넘는다.

그렇다면 이러한 100세 시대에 퇴직 후 똑소리 나는 노후 준
비법은 무엇이 있을까? 그 해답은 신(新)대위변제법과 GPL 유
동화 순환구조에 있다.

증권화 구조는 자산 및 채권을 보유한 자는 자산 및 채권을 다
른 사람에게 양도할 수 있다. 양도받은 자는 자산 및 채권의 수
익 및 이자수익을 이용해서 다른 사람에게 매달 얼마의 금액을

주기로 약속하고 현금을 융자할 수 있다. 이런 형태로 발행된 수익 증권 및 채권을 유동화 증권이라 하고, 이 과정을 유동화(또는 증권화, Securitization)라고 한다.

수익을 창출할 수 있는 여러 가지 형태의 기초 자산은 모두 유동화 증권의 대상이 될 수 있다. 대표적으로 모기지 채권을 기초 자산으로 한 유동화 증권은 MBS(Mortgage-Backed Security)라고 한다. 그 밖에 여러 가지 자산을 기초 자산으로 한 유동화 자산은 ABS(Asset-Backed Security)라고 한다.

유동화 증권은 채권의 다양한 형태 중 하나로 이를 분석하는 학문 분야를 고정수입증권론(Fixed Income Securities)이라고 부른다. 그 이유는 어떤 형태든 채권은 투자자에게 일정한 현금 흐름을 약속하기 때문이다.

유동화의 목적 및 효용은 자산 및 채권 유동화를 통해 금융시장은 자금의 수요와 공급을 연결해주는 기능을 할 수 있다. 채권을 그대로 보유하고 있는 경우에는 다른 자금을 융통할 수 없지만 채권을 기초로 다른 대출(채권)을 발생(행)할 때 투자자로부터 새로운 자금을 융통할 수 있기 때문이다.

강남에서 사업을 하고 있는 박 씨는 사업자금으로 H 생명(주)에 거주하는 집 (부동산)을 담보로 맡기고 대출을 받았다. 그동안 사업이 잘돼 1년 동안 이자 납입과 원금 33,000,000원을 상환하고, 현재 남은 잔액은 420,000,000 원이었는데, 갑자기 거래처 부도로 어음이 부도나고, 사업이 힘들어져 금융 기관 이자 연체로 해당 은행에서 경매 진행됐다. 이때 ○○AMC가 NPL 채권을 매입하는 당일까지 원금과 이자를 주고 NPL을 매입했다. 그리고 이 물건이 매각되고 수익을 낸 사례다.

서울시 강남구 P 아파트 33평형 대위변제 투자

감정가액 700,000,000원
설정 금액 546,000,000원
대위변제 488,520,000원

671,300,000원에 낙찰돼 실제 107,479,727원의 배당을 받았다. 경매 취하 후 재경매로 채권최고액까지 꽉 채워 받았기 때문이다.

서울 강남구 ○○빌 3층
건물 245㎡(74평), 토지 107㎡(32평)

근저당권 1,500,000,000원(대출 원금 1,000,000,000원-캐피탈 대부) → GPL 채권을 NPL로 만들어 수익을 낼 목적이다.

감정가액 1,470,000,000원(2016.12.25), (매각가율 97.29%)
청구금액 1,265,232,877원에 경매 진행 됐으나 취하했다. 그 이유는 연체 이자를 합법적으로 더 받기 위해서다. 1,500,000,000원까지 연체 이자를 받아야 하지만 실제 아파트는 1차 또는 2차에 매각이 된다. 그렇다면 채권 최고액까지 다 받을 수 없기 때문이다. 그리고 유동화 순환구조 대출에 대해서 알아보자.

대출 원금 1,000,000,000원
감정가액 1,470,000,000원
설정 금액 1,500,000,000원
대출 원금 1,000,000,000원(현재 잔액 1,000,000,000원)
캐피탈대출 1,000,000,000원×24%×31/365=20,383,561원
1년 이자 240,000,000원, 월 이자 24,000,000원
질권 대출 900,000,000원, 연 7.5%, 365일=67,500,000원

이런 유동화 순환구조 대출이라면 더 많은 투자금을 늘릴 수 있다. 결국 16.5%(24-7.5)의 수익을 낼 수 있다는 이야기다. 원금 900,000,000원이면 16.5% 수익이 가능하다는 이야기다. 그렇다면 1년 이자 148,500,000원, 월 12,375,000원의 수익이 가능하다.

06 대위변제 알면
GPL 수익이 더 올라간다

    평범한 샐러리맨의 재테크 종잣돈은 평균 3,000만 원으로 조사됐다. 그렇다면 3,000만 원이라는 종잣돈으로 10년간 금융기관의 정기적금, 부동산 투자, GPL에 투자했을 경우 어떤 결과가 나올까? 예를 들어 "금융기관의 정기적금이 연 3.5% 금리일 때, 10년 후 미래 화폐가치는 4,200만 원이 된다. 부동산 소액 투자로 경기 및 서울 갭 투자 등 수익으로 1억 5,000만 원이 가능하다"라고 할 때 어디에 투자할 것인가?

    그렇다면 당신은 당연히 부동산에 투자할 것이다. 그러나 당연히 부동산에 투자한다고 결론 내린 사람이라면 각종 규제와 양도소득세, 종합소득세 등 정부 규제의 반격이 가시지 않는다. 지역에 따른 환경의 변화 등으로 부동산 가격 하락도 생각해봐야 한다. 부동산 소액 투자는 안전하다고 생각하는 사람이 있다면 그 또한 큰 차이는 없을 것이다. 장기간 투자를 하면 부동산 정책의 가격 조절에 의한 부동산의 동반 상승 변수도 살펴야 한다.

한국은행에 따르면 지난해 예금은행의 저축성 수신금리(신규 취급액 기준, 가중 평균 금리)는 연 1.56%로 역대 두 번째로 낮았던 것으로 조사됐다. 반면 소비자물가 상승률은 2012년(2.2%) 이후 최고인 1.9%로 집계돼 예금은행 저축성 수신금리에서 물가 상승률을 뺀 실질금리가 6년 만에 마이너스로 추락, -0.34%였다.

관련 통계가 작성된 1996년 이래 실질금리가 마이너스였던 적은 2011년(-0.31%)과 작년, 딱 두 번뿐이다. 고속 성장을 구가하던 1990년대 중반에는 가중평균 금리가 10%대에 달하기도 해 물가 상승분을 제외하고도 연 5~6% 이자율을 예·적금 가입에서 기대할 수 있었지만, 글로벌 금융위기 이후 저금리 기조가 강화하면서 실질금리는 줄곧 내리막을 타고 있다. 실질금리가 마이너스로 떨어지면서 예금 외에 다른 투자처로 눈을 돌리는 금융소비자도 늘어나고 있다. 지난해 말 예금은행의 총 예금(정기 예·적금, 수시 입출식 요구불예금 등)은 1,305조 5,584억 원으로 1년 전보다 5.2% 늘어나는 데 그쳤다. 이는 2013년(2.0%) 이후 최저치다. 특히 가계의 총 예금(600조 1,115억 원)은 3.34% 늘어나는 데 불과해 2007년(-7.1%) 이후 10년 만에 가장 낮은 성장세를 보이고 있다.

현재는 마이너스 0.3% 금리다(은행 가중 평균 금리 1.56%, 소비자 물가지수 1.9%). 시간이 지나면서 물가는 오르고, 돈의 가치는 떨어져서 반사적으로 부동산 가격 상승이 물가 상승의 수 십 배를 상회할 수 있다. 그렇지만 부동산의 취득, 보유, 양도 시 각종 세금을 제하고 나면 얼마의 수익이 남을까? 여기에 GPL(정상 채권-후순위 아파트 담보대출) 투자법, GPL을 활용한 신(新)대위변제 투자법과 유동화 순환구조 투자법에 대해서 분석해보고자 한다. 아마도 대한민국 1%만 알고 있는 재테크이며, 연금과 같은 지속적인 노후대책이 아닐까 싶다.

이 물건의 투자자는 샐러리맨이다. 재테크에 열망은 많았지만 제대로 된 툴을 발견하지 못했다. 이번에야 툴을 제대로 잡은 듯하다. 대출자는 상속세 때문에 일시적인 자금이 필요해서 후순위 대출을 요청한 고객이다.

[GPL 투자 수익 분석]
경기도 일산동구 H 아파트 304동 13**호
$84.69m^2$(34평형), 816세대

대출 1순위는 H 화재 대출을 취급했고, 2순위 후순위 담보대출을 취급한 상황이다.

하한가 380,000,000원

일반가 400,000,000원

상한가 420,000,000원

1순위 H 화재 247,000,000원(설정 금액 296,400,000원)

2순위 후순위 대출 95,000,000원(설정 금액 142,500,000원)

담보비율 342,000,000원/380,000,000원(일반가)=90%

담보비율 342,000,000원/400,000,000원(상한가)=88%

담보비율 342,000,000원/420,000,000원(상한가)=81%

[투자자 수익 분석]

후순위 아파트 담보대출(GPL)

투자 금액 95,000,000원×24.0%=22,800,000원(정상 이자 1년)

투자 금액 95,000,000원×24.0%=22,800,000원(최고 이자 1년)

수수료액 95,000,000원×4.0%=3,800,000원(모집수수료(3%)

및 채권 심사수수료(1%) 1번)

중도상환수수료 없는 조건으로 연 24%를 받기로 약정했다.

최고 이자 22,800,000원(최고 이자 1년)−3,800,000원(수수료)
=19,000,000원

수익 분석 19,000,000원/95,000,000원=20%(월 1,583,333원)−
정상 이자

수익 분석 22,800,000원/95,000,000원=연 20%(월 1,583,333원)−
최고 이자

은행 이사 1,900,000원, 월 158,333원−세전

　95,000,000원을 투자하고, 근저당권 설정을 150%(142,500,000
원)했을 때 이 금액 90% 근저당권 설정 질권 담보대출을 받을
수 있다. 이를 근저당권 설정계약서 기초 자산을 활용해서 질권
대출받아 추가 투자가 가능하다. 이를 '유동화 순환구조 투자법'
이라고 한다. 나는 2순위 근저당권을 매입한 NPL 법인에 유동화
순환 대출을 해줬다. 2순위 근저당권 최소 2,500만 원에서 1억
2,000만 원까지 10건을 매입했는데 여러 건(Pooling)으로 묶어
서 대출해줬다. 이때 1순위 근저당권 대출금은 연체가 되고 '피
담보채권 확정'되면 '임의(법정)대위변제' 목적도 있다.

　다음은 대기업에 다니는 VIP실전 투자반 3기생 중 한 분의 투
자 사례다. 이 투자자는 40대 초반이지만 이미 수원역 바로 앞

에 주거용 오피스텔에 투자해서 월 200만 원 이상 수익을 얻고 있는 재테크 고수 투자자다. 이 물건을 담보로 제공하고 연 24% 이자를 쓰는 이유가 궁금할 것이다. 부모님으로부터 상속받은 물건의 상속세가 긴급하게 필요해서 쓰는 자금이라고 했다.

[유동화 순환 투자 수익 분석]

유동화 95,000,000원×90%= 85,500,000원,

　　　현금 투자 9,500,000원

투자금 95,000,000원×24%=22,800,000원(최고 이자 1년)→①

투자금 95,000,000원×8.5%=8,075,000원(○○저축은행 유동화

　　　대출 이자)

투자금 95,000,000원×4.0%=3,800,000원(모집 수수료(3%) 및

　　　채권 심사수수료(1%))

순이익 10,925,000원=22,800,000원(연 수입)-8,075,000원(질권

　　　이자)-3,800,000원→②

총 이익 33,725,000원=22,800,000원①+10,925,000원②

수익률 33,725,000원/99,500,000원=33.97%,

　　　월 이자 2,810,416원, 은행에 맡기면 월 165,833원

만약 1순위 대위변제로 현 시점 연체 이자(14.5%)를 받았을 때 수익 분석을 해보자.

1순위 H 화재 247,000,000원(설정 금액 296,400,000원)

[1순위 대위변제 투자 시 수익 분석]

대위변제 247,000,000원×14.5%=35,815,000원(대위변제 수익
이자)

질권 대출 222,300,000원=247,000,000원×90% 대위변제
90%~97% 대위변제대출 가능

현금 투사 24,700,000원–247,000,000원–222,300,000원

대출 이자 222,300,000원×6.5%=14,449,500원(대위변제 질권
대출 이자)

이전 비용 296,400,000원×1%=2,964,000원

[1순위 근저당권 이전비 1%(법무비용 포함)]

수익 분석 18,402,000원=35,815,000원–14,449,000원
–2,964,000원

수익률 18,402,000원/24,700,000원=74.5%③

총 이익 48,327,000원=19,000,000원+10,925,000원
+18,402,000원

수익률 48,327,000원/124,200,000원=38.91%,
월 이자 4,027,500원

연 2% 금리 은행에 맡기면 월 207,000원

GPL 후순위 담보대출 내역

물건현황

KB 시세가①	400,000,000원	매매가액 (월세가액)	430,000,000원 3,000만 원/월 75~80만 원
1순위대출② (설정 금액)	247,000,000원(H화재) (296,400,000원)	1순위 이율	연 3.5%
2순위 대출③ (설정 금액)	95,000,000원 (142,500,000원)	2순위 이자	연 24%
담보비율(LTV) ②+③ / ①	342,000,000원/400,000,000원 =85%	자금용도 채무자직업	가계자금
담보물 주소	경기도 고양시 H아파트 304동 13**호 아파트 84.69㎡(32평형) - 816세대		

아파트 시세

공급/ 전용면적(㎡) 84.69/ 102.38	매매가액			전세가액		
	하위 평균가	일반 평균가	상위 평균가	하위 평균가	일반 평균가	상위 평균가
	380,000,000	400,000,000	420,000,000	320,000,000	350,000,000	370,000,000
조사방법	☐ 조사업체 : ○○공인중개사 ☐ 주변여건 : ○○초등학교, ○○고등학교, B역, ○○종합터미널					
채권보전 방법	■ 국세납부증명원, 지방세납부증명원, 전입세대열람확인원, 　지방세 세목별 과세증명원, 사실증명원(당해세 체납 여부 확인), ■ 여신품의서, 대출거래약정서(금전소비대차약정서), 전입세대확인서, 　근저당권 설정계약서, 대위변제신청서, 대위변제동의서, 　개인신용정보활용동의서, 가등기설정계약서, 기타					
수익분석	**[GPL 투자자 수익분석]** GPL 투자금 95,000,000원×24%=22,800,000원 GPL 수수료 95,000,000원×4%=3,800,000원(모집인 수수료 3%, 심사수수료 1%) 수익분석　19,000,000원 ①/95,000,000원 ② = 20%(수익률) **[1순위 대위변제 수익분석]** 대위변제수익 247,000,000원×17%=44,990,000원 대위변제대출 222,000,000원, 현금 투자 25,000,000원 질권대출이자 222,000,000원×7.5%=16,650,000원 근저당이전비 296,400,000원(H화재)×0.6%=1,778,400원 수익분석　26,561,600=44,990,000원-16,650,000원-1,778,400원 수익률분석　26,561,600원 ③/25,000,000원 ④=106.24%(수익률) 수익률분석　44,561,600원(①+③)/120,000,000원②+④=37.13%(수익률)					

07 GPL 투자 절세 출구전략 및 주의점은 무엇인가?

부와 성공을 거머쥔 사람들에게는 공통점이 있다. 바로 단 한 번에 성공의 자리에 오른 것이 아니라 대부분 수많은 역경과 고난을 이겨내고 실패를 통해 지금의 행운과 성공을 거뒀다는 점이다. 가장 빨리 부자가 되는 법은 투자 실력을 쌓고, 좋은 인맥을 만들어 그들이 주는 돈 되는 고급 정보를 활용해서 도약하는 것이다. 성공하는 사람들은 긍정적인 마음을 넘어 절대긍정으로 사랑과 인격과 인성을 갖춰 사람들이 주변에 모여들게 하는 마력이 있는 사람들이었다.

아는 지인 중에 최근 구의원에서 시의원이 된 여자 한의학 박사가 있다. 이분 옆에 있으면 긍정적인 행복한 기운이 넘쳐난다. "열정과 건강만 있다면 이루지 못할 일은 아무것도 없습니다. 대통령도 시험으로 된다면 저는 대통령이 될 자신이 있습니다"라고 말씀하신다. 건강한 체력에서 긍정적인 생각이 나오고,

쓰러져도 다시 일어설 수 있는 것이 인생이다. 이분이 투자한 GPL(아파트 후순위담보대출)이다.

이분이 투자한 2,000만 원 수익과 예상배당표 통해 GPL 권리분석으로 위험이 있는지 확인해보자.

경기도 평택시 K아파트 104동 4**호, 67.99㎡
감정가액 130,000,000원(KB 시세), 매매가액 140,000,000원(매매시세)
1순위농협 84,000,000원(설정금액 104,000,000원-120% 설정)
2순위 GPL 20,000,000원(설정금액 30,000,000원-150% 설정)
담보비율 104,000,000원/130,000,000원(LTV 80%)
담보비율 104,000,000원/140,000,000원(LTV 76%)

이 부동산의 매각가율은 85.49%다.
시세는 140,000,000원×85.49%=119,000,000원이고, 1순위 연체이자를 연 6.5% 이상 받아가지 못하므로 GPL 후순위 대출자는 더 안전하다. 2,000만 원 후순위 아파트 담보대출 투자 후 매달 400,000원을 받는다. 만약, 다른 투자법으로 생각해보자.

1년 수익분석 20,000,000원×24%=4,800,000원
수수료 첫 회 20,000,000원×4%=800,000원
연 수익 분석 4,800,000원-800,000원=4,000,000원/20,000,000원
          =20%(수익률)
만약 수수료를 투자금으로 환산 시 수익률 분석이다.

연 수익 분석 4,800,000원/20,800,000원=23%(수익률) 월 400,000원이다. 은행 예치 시 34,666원(월 세전)이다. 은행금리보다 10.5배 넘는 수익이다.

부동산 임의경매가 진행되지 않겠지만 만약 경매가 진행되면, 낙찰예상가 119,000,000원-1순위 원리금88,936,438원=30,063,562원 (예상배당액)으로 투자 원금 손실 염려는 없다.

1순위 원금 84,000,000원, 이자 4,936,438원(연 이자 6.5%×330/365) 2순위 원금 20,000,000원, 이자 4,339,726원(연 이자 24%×330/365), 경매 진행 후 배당일까지 11개월 330일 전도 소요된다.

경매 진행 시 1순위 원리금 88,936,438원, 2순위 원리금 24,339,726원, 경매비용 감정가 140,000,000원, 1% =1,400,000 원이다. 총 114,676,164원 (81%) 입찰에 참여해서 낙찰 재매각 시세차익 25,323,836원(매가 140,000,000 원-114,676,164원)을 얻을 수 있다. 물론 다른 입찰자가 더 높게 입찰해서 타인에 게 매각(낙찰)되면 근저당권 설정계약서를 법원에 제출하고 배당받고 종결된다.

높은 수익을 얻기 위해서는 리스크를 어느 정도 감수해야 한다. 하지만 GPL 투자는 높은 수익성에 서울 수도권 역세권 주변 500세대 이상 아파트에 투자하므로 부동산 가격이 하락할 염려는 하지 않아도 된다. 게다가 이런 물건을 찾는 투자자들이 줄을 서 있으므로 GPL(후순위아파트 담보대출) 투자금을 결혼자금 등 일시적인 자금이 필요할 때, 근저당권을 타인에게 이전하고 투자 원리금을 회수할 수 있으므로 환금성까지 뛰어나다. GPL 투자는 고수익이므로 종잣돈 같은 단기 목돈을 만드는 게 중요하다.

다른 투자에서는 투자 자산을 주식과 채권, 부동산 등 분산해서 보유한다면 경기 변동과 같은 시장 전체의 체계적 위험은 피할 수 없어도 개별 위험인 비체계적 위험은 상당부분 제거할 수 있다. 그러나 GPL은 체계적 위험 및 비체계적 위험까지 피할 수 있다. 그러나 수입이 있는 곳에 세금이 없을 수 없다. GPL 투자는 비영업대금 세금을 납입해야 한다. 원천징수는 이자소득세 25%와 지방소득세 10%를 납입해야 한다.

지급자	지급받는 자	원천징수	지방소득세
개인	개인	이자소득세 25%	이자소득세의 10%
	법인	법인세 25%	법인세의 10%
	금융기관 등에 이자 지급	징수하지 않음	징수하지 않음
법인	개인	이자소득세 25%	이자소득세의 10%
	법인	법인세 25%	법인세의 10%
	금융기관 등에 이자 지금	징수하지 않음	징수하지 않음

그렇다면 이자 소득세를 줄여 수익률을 높이는 방법은 없을까? 개인은 회계 연도(6개월) 내 1건을 투자한 경우 계속적, 반복적으로 업으로 간주하지 않으므로 이자소득세에 대한 큰 부담은 없다. 그러나 정상 이자 연 20%~최고 연24%(대부업법 개정 2018

년 2월 8일 이후)까지 여러 건을 투자할 경우 개인사업자 또는 대부사업자를 등록해 인건비 경비 처리로 절세하는 방법이 있다.

개인사업자는 1,000만 원 사업자로 한국대부금융협회에서 8시간 대부교육을 받고 1,000만 원 개인사업자 등록을 하면 된다.

그러나 개인사업자는 종합소득세 과표 세율 구간에 의한 세금을 납입해야 한다.

현행		수정안	
□ 법인세율 체계		□ 최고세율 구간 신설	
과표	세율	과표	세율
0~2억 원	10%	0~2억 원	(좌동)
2~200억 원	20%	2~200억 원	(좌동)
200~2,000억 원	22%	200~3,000억 원	(좌동)
2,000억 원 초과		3,000억 원 초과	25%

1,000만 원 개인사업자는 기타 소득과 종합소득세 세율구간에 의한 세금을 납입해야 하므로, 사업자등록 대표가 소득이 없는 사람으로 하면 절세할 수 있다. 이 경우 사업자등록증으로 금융기관에서 사업자 통장을 만들고, 체크카드를 발급받아 국세청에 신고하면 경비 처리를 받을 수 있다.

만약 5,000만 원 대부사업자 등록을 할 경우 대부법인에 의한 사업자 세율구간에 의해서 세금을 납입하게 된다. 소득세법제55조 1항에 의하면 법인세 최고 과표구간 신설에 따른 2018년

1월 1일 사업 개시 이후는 2억 원 이하 세율구간 10%이므로 인건비와 경비 처리를 하면 기장료 정도 지출될 것이다.

종합소득세 세율(2018년 귀속)

과세표준	세율	누진공제
12,000,000원 이하	6%	–
12,000,000원 초과 46,000,000원 이하	15%	1,080,000원
46,000,000원 초과 88,000,000원 이하	24%	5,220,000원
88,000,000원 초과 150,000,000원 이하	35%	14,900,000원
150,000,000원 초과 300,000,000원 이하	38%	19,400,000원
300,000,000원 초과 500,000,000원 이하	40%	25,400,000원
500,000,000원 초과	42%	35,400,000원

법인 대부사업자와 개인사업자 어느 쪽이 더 세금 면에서 유리할까?

Sh은행 PB로 대출과 상담을 하다 보면 사업자 연간 매출 10억 원 이상 달성하는 사업자들이 꽤 있다. 그런데 이들이 공통적으로 걱정하는 것이 바로 세금 문제다. 특히 세율구간이 높은 매출액 사업자는 더더욱 그렇다. 소득세가 많이 나온다는 것을 의미하기 때문이다. 그래서 그들은 절세의 한 수단으로써 개인기업보다는 법인기업을 선호하고 있다. 사례를 들어 살펴보자.

내 강의를 들었던 K씨 아버지는 경기도 일산에서 수제 가구점을 운영하고 있다. 한 달 매출은 8,000만 원이 조금 넘는다. 그는 소득세를 대략적으로 다음과 같이 내고 있었다.

① 이익 계산
매출액-매출원가-판매관리비=10억 원-5억 원-3억 원=2억 원

② 소득세 계산
과세표준 : 이익-종합소득공제=2억 원-1,000만 원(가정)

　　　　　　=1억 9,000만 원

산출세액 : 1억 9,000만 원×38%-1,940만 원(누진공제액)

　　　　　　=5,280만 원

개인사업보다는 법인사업으로 운영하는 것이 더 실익이 있다는 생각에 기장업무를 대행해주는 세무사님과 상담을 받고 매출을 속이지 않으므로 법인으로 해도 문제가 되지 않을 것 같았다. 다만 세금효과가 많이 나와야 실행에 옮길 수 있다고 보았다.

법인사업자로 하면 세금 측면에서 얼마나 유리한지를 따져보았다. 그의 인건비는 연간 1억 원이다.

① 이익 계산

매출액-매출원가-판매관리비=10억 원-5억 원-4억 원(연봉 1억 원 포함)=1억 원

② 법인세 계산

산출세액 : 1억 원×10%=1,000만 원

2014년 이후의 법인세율은 과세표준 2억 원까지는 10%, 2억~200억 원까지는 20%, 200억 원 초과분은 22%로 되어 있다.

③ 근로소득세 계산

근로소득 금액 : 연봉-근로소득 공제=1억 원-1,475만 원
　　　　　　　=8,525만 원

과세표준 : 근로소득 금액-종합소득공제=8,525만 원-1,000만 원
　　　　　=7,525만 원

산출세액 : 7,525만 원×24%-522만 원(누진공제액)=1,284만 원

이렇게 법인으로 하면 법인세와 근로소득세가 부과되나, 개인 사업자로 했을 때보다 세금 크기는 축소된다. 왜냐하면 개인 사업자에게 누진세율로 부과되던 소득이 법인과 개인의 소득으로 분산되기 때문이다. 또 법인소득에는 세율이 과세표준 2억 원까지는 10%로 낮게 과세되기 때문이다.

그렇다면 K씨 입장에서 호주머니에 들어오는 소득의 크기를 비교해보자. 먼저 개인으로 사업하는 경우 가처분 소득은 다음과 같다.

2억 원-5,280만 원(사업소득세)=1억 4,720만 원

다음으로 법인으로 사업하는 경우 가처분 소득은 다음과 같다.

1억 원-1,284만 원(근로소득세)=8,716만 원

이상 두 결과를 놓고 보면 법인으로 하는 경우가 6,000만 원(1억 4,720만 원-8,716만 원) 정도 적다. 하지만 그 돈 이상은 회사 내에 남아 있다. 회사도 이익이 1억 원 발생해 세금 1,000만 원을 공제한 나머지 9,000만 원을 보유하고 있는 것이다.

이렇게 본다면 법인으로 하는 것이 세금이 덜 나가는 방법이 된다. 하지만 회사에 남아 있는 금액을 모두 가져오려면 개인(주주)은 세금을 더 부담해야 한다. 예를 들어 세금이 부과되기 전의 법인의 이익인 1억 원을 K씨가 전액 근로소득으로 가져온다면 법인세는 없지만, 근로소득세 등의 증가로 세금이 늘어난다.

① 이익 계산

매출액-매출원가-판매관리비=10억 원-5억 원-5억 원(연봉 2억 원 포함)=0원

당초 소득은 1억 원이었으나 절세를 위해 연봉을 2억 원으로 올리게 되면 법인의 이익이 0이 된다.

② 법인세 계산

산출세액 : 0원

③ 근로소득세 계산

근로소득 금액 : 연봉-근로소득공제=2억 원-1,675만 원

=1억 8,325만 원

과세표준 : 근로소득 금액-종합소득공제

=1억 8,325만 원-1,000만원=1억 7,325만 원

산출세액 : 1억 7,325만 원×38%-1,940만 원(누진공제액)

=4,643만 5,000원

결국 개인사업자가 일시적인 세 부담을 피하고자 법인으로 전환하고, 법인에 유보된 소득을 근로소득이나 배당소득 등으로 다시 가져올 때는 세금을 추가로 부담해야 한다. 따라서 무턱대고 법인으로 사업하는 것이 세금 측면에서 유리하다고 볼 것은

아니다. 다만 사내에 유보된 잉여금이나 주주들의 투자 금액을 더 확보해 새로운 투자처를 찾아 규모를 키우는 데는 법인 형태가 세금을 절세하는 방법이다.

일반 부동산 투자자가 세금을 절세하는 방법을 알아보자. 서울 강남구 역삼동에 거주하는 H씨는 갭 투자로 강남, 용산에 총 3채의 아파트를 매입하고, 시세차익만 30억 원 이상을 거뒀지만 세금 고민 때문에 마냥 기쁘지는 않다. 먼저 이분이 매입한 잠실 아파트를 한번 알아보자.

2016년 초에 매입한 잠실 L 아파트(33평형)는 2년 만에 10억 원에서 16억(호가 17억) 원으로 올랐다. 2년 동안 6억 원 이상의 시세차익이 생긴 것이다. 하지만 이 아파트의 매도시점과 임대사업자 등록 여부에 따라 세금이 크게 달라진다. 2018년 3월 전 매도하는 경우, 2018년 4월 이후 매도하는 경우, 준공공 임대주택 등록 후 매도하는 경우에 따라 각각 달라진다.

H씨가 잠실아파트 매도하게 되면 시세는 6억 원 올랐지만, 절반 이상 세금으로 내야 한다. 편의상 필요 경비는 계산에 넣지 않았지만, 취득세와 중개수수료 등을 반영하면 세후수익률은 더욱 낮아진다.

2018년 3월 이전 양도차익 6억 원 발행했을 때 납부세액은 302,830,000원이다.

2018년 4월 이후 양도차익 6억 원 발생했을 때 납부세액은 368,555,000원이다.

그렇다면 준공공 임대주택으로 등록해서 8년 이상 임대한다면 어떻게 될까? 준공공 8년 임대 시에는 장기보유 특별공제율을 70%로 적용해준다. 2018년 4월 이후 준공공 임대주택 8년 이상일 때, 91,905,000원을 세금으로 내 그 차액만큼 돈 버는 셈이다. 이처럼 수익이 있는 곳에 세금이 발생하지만 절세할 수 있는 방법은 많다.

GPL 투자 시 한국대부금융협회에서 8시간 동안 대부교육을 받고 1,000만 원 개인사업자 또는 5,000만 원 대부사업자로 지자체에 신고하고, 사업자등록증을 내서 투자해 인건비, 경비, 기타비용으로 처리하면 절세로 큰 수익을 낼 수 있다. 내가 투자한 GPL 사례를 마지막으로 살펴보자.

후순위대출(GPL) 요청자는 강원도 원주 혁신도시에서 공기업에 근무 중이며 연봉은 1억 1,700만 원이었다. 실전반에서는 아파트가 1층이라 투자를 꺼려해서 권리분석 후 안정성을 확보하고 내가 GPL(후순위대출) 6,100만 원을 투자했다.

인천시 계양구 D아파트 320동 1**호, 127.05㎡,
매각가율 92.5%, 616 세대

1순위대출 H은행 265,500,000원(설정금액 318,600,000원), 연 3.5%, 연체 연 6.5%
2순위대출 요청금액 61,000,000원(설정금액 91,500,000원), 연 22%, 연체 연 24%

대출금액 326,500,000원/385,000,000원(KB 시세)=84%(담보비율)
대출금액 328,500,000원/425,000,000원(상한가액)=76%(담보비율)
대출금액 328,500,000원/435,000,000원(실거래가)=75%(담보비율)
투자금액 61,000,000원×22%=13,420,000원
수수료액 61,000,000원×4%=2,440,000원
순수익금 13,420,000원−2,440,000원=10,980,000원/61,000,000원
        =18%(수익률)
월 915,000원 수입이다.

[수수료 투자금 환산 시 수익률]

순수익금 13,420,000원/63,440,000원=21%(수익률), 월 1,118,333 원
은행예치 했을 때 세전이자 월 105,733 원이다. 은행금리보다 10.5 배 이상 수익이다.

[예상 낙찰가 및 배당표 - 시세차익]

감정가액 425,000,000원×92.5%(매각가율)=393,125,000원

[근저당권 설정으로 부동산 임의경매 예상배당표]

낙찰예상가 425,000,000원×92.5%(매각가율)=393,125,000원
경매 예상비 4,250,000원(감정가 1%)
H은행 원금 265,500,000원
H은행 이자 265,500,000원×330/365일×6.5%=15,602,671원(배당받
　　　　　 을 때까지 이자)
예상배당표 393,125,000원-4,250,000원-265,500,000원-15,602,671원
　　　　　 =107,772,329 원(예상배당액)

근저당권 설정으로 연체 시 부동산 임의경매가 진행된다. 경매 신청 2차에 낙찰된다고 가정할 때 배당일까지 11개월 정도 소요된다.
만약 경매 진행 시 투자자는 선순위 포함 원리금 회수금액은 다음과 같다.

0순위 경매비용 4,250,000원
1순위 H은행 원리금 281,102,671원(원금 265,500,000원 +이자 15,602,671원)
후순위 투자 원리금 73,133,150원(원금 61,000,000원+이자 12,133,150원)이다.

1, 2순위 원리금은 총 358,485,821원이다. 경매진행 시 이 금액으로 GPL 투자자는 입찰한다. 누군가 그 이상으로 낙찰받으면 GPL 투자자는 근저당권 설정계약서를 법원에 제출하고 배당금으로 원리금 회수 후 종결된다. 후순위 대출자가 입찰해서 낙찰받으면 시세 425,000,000원의 아파트(38평형)를 358,485,821원(84%)으로 낙찰받아 시세차익 66,514,179원을 얻을 수 있다.

강남 부자들의 비밀금고에 GPL 투자로 돈이 차곡차곡 예전보다 더 많이 쌓이고 있다. 상가를 소유하지 않고도 월세 같은 이자를 지속적으로 매월 받고 있다. 고수익 투자처를 찾아갈 수만 있다면 우리가 원하는 꿈과 목표에 더 가까이 다가갈 수 있을 것이다. 간절함 없이 성공만을 목표로 삼으면 가다가 멈춰버리게 된다. 그러나 간절한 목표가 생기면 실패할 때마다 끊임없는 혁신과 변혁이 일어난다.

워렌 버핏은 "잠자는 동안에도 돈이 들어오는 방법을 찾아내지 못한다면 당신은 죽을 때까지 일을 해야만 할 것이다"라고 했다. 잠자는 동안에도 돈이 들어오는 투자가 바로 GPL 투자가 아닐까?

저금리·경기불황이 지속되면서 수익형 부동산도 양극화 되고 있다. 오피스텔(주거용), 중대형 및 중소형 상가, 집합 상가와 역세권 단지 내 상가에 투자자들이 몰려 분양권 투자와 프리미엄, 시세차익 같은 자산 가치 상승투자법이 급증하고 있다. 이러한 시기에 GPL 정보에도 관심을 가져보기 바란다.

수익형 부동산 수익률
(단위 : %, %P)

업종	올 1·4분기 투자 수익률	전분기 대비 증감률(%P)	전년 대비 증감률(%P)
오피스	1.85	0.12	0.3
중대형 상가	1.72	−0.11	0.19
소규모 상가	1.58	−0.12	0.17
집합 상가	1.71	0.05	0.15

출처 : 한국감정원

그동안 월급 외 틈새 투자처, 은행 금리보다 10배 이상 수익 가능한 GPL(정상채권-후순위 담보대출) 투자법을 소개했다. 실제로 직접 투자해본 결과 안전성과 환금성 및 고수익을 얻고 있으므로 검증된 것이다. 하지만 이러한 GPL도 주의점이 있다.

첫째, 서울 경기 수도권의 500세대 이상 아파트에 투자하자.

둘째, 자금용도, 대출자의 직업과 채무자의 배우자 직업도 중요하다.

셋째, 대형 평수는 피하고 33평형 미만, 85% 이하 담보비율에 투자한다.

넷째, 금융거래확인서로 다중 채무자는 개인 회생과 파산에 주의해야 한다.

다섯째, 사실확인서로 당해세(국세, 지방세) 등 체납 여부를 확인해야 한다.

여섯째, 전입세대열람확인서로 본인이 거주하고 있는지, 다른 전입자가 있는지 확인해야 한다.

일곱째, 선순위 근저당권 설정금액 대출이 '포괄근저당권'인지 확인해야 한다. 담보물 종류를 '한정근담보'로 받지만 간혹 포괄근저당권 설정의 경우 신용대출과 카드대금으로 선순위 배당금이 늘어날 수 있기 때문이다.

여덟째, GPL 연결 업체가 금감원에 등록된 믿을 만한 대부업체인지 확인해야 한다.

아홉째, 선순위 대위변제 시 연체가산금리 3%P 적용대상인
　　지 확인해야 한다.

열째, 수수료 환급 여부다. 3개월 이내 대출자에게서 상환이
　　들어오면 지급된 중개수수료 및 채권심사수수료, 사후
　　관리수수료 환급 여부를 확인해야 한다.

　돈을 빌기 위해 모두에게 주어진 24시간은 공평하다. 하지만
어떤 사람은 하루에 1,000만 원을 벌고, 어떤 사람은 하루에 10
만 원 또는 3만 원을 번다. 수입에 비해 지출이 많으면 생계를 위
해 살아가는 것이다. 이렇게 되면 자산을 축적하기란 쉽지 않다.
　미래를 위해 허리띠를 졸라매고 수년간 모은 종잣돈을 주식
이나 펀드로 투자를 잘못해서 손실을 입기도 한다. 그러나 GPL
을 이 책에서 제시하는 대로만 한다면 손실을 줄이고 수입을 늘
려 더 큰 돈을 모을 수 있다. 뱀이 허물을 벗지 않으면 죽는 것
처럼 과거의 재테크 지식이라는 허물에서 벗어나지 않으면 가
난도 대물림 될 수밖에 없다. 천양운집(千洋雲集)이라는 말처럼
GPL 투자를 통해 독자 여러분에게 1,000가지 좋은 일들이 구름
처럼 모이기를 바란다.

Chapter 06

GPL 아파트 담보대출로
365일 이자 받는 샐러리맨

인생에서의 성공은 무엇을 이루었는지로 평가될 수 있는 것이 아니라, 우리가 극복한 장애물로 평가될 수 있다. 필자는 그동안 가난에서 벗어나려고 부단히 노력하며 살았다. 가난을 이겨내기 위해 아침에 신문 배달, 우유 배달, 저녁에 대리운전, 주말에 목재공장, 저녁에는 영등포역 앞 호프 타운에서 웨이터 생활하며 숨 가쁘게 살아왔으나 현실은 달라지지 않았다.

목재공장에서 무거운 목재를 나를 때 다른 사람들은 어깨에 두툼한 수건을 대고 날랐는데, 필자는 왜 사람들이 수건을 어깨에 대고 일하는지 몰랐다. 그렇게 종일 목재 운반 아르바이트를 하고 집에 돌아와서야 그들이 왜 수건을 사용했는지를 알게 되었다. 필자의 양어깨는 무거운 목재로 살갗이 벗겨져 그날 저녁 잠을 잘 수가 없었다. 그들 중 일부라도 초보자인 필자에게 겹겹이 수건을 이용하라는 말만 해주었어도 그날 저녁 그렇게 뜬

눈으로 잠을 설치지는 않았을 것이다.

그러나 필자는 "잠자는 동안에도 돈이 들어오는 방법을 찾아내지 못한다면, 당신은 죽을 때까지 일해야만 할 것이다"라는 워렌 버핏(Warren Buffett)의 말처럼 잠자는 동안에도 365일 이자가 들어오며, 시간적, 경제적 자유인으로 가는 탐나는 재테크를 공짜로 알려주고 싶다.

필자는 GPL(아파트 담보대출) 투자를 하고 있다. 신(神)의 재테크 GPL(아파드 담보대출)로 매일매일 돈 벌어주는 남자라는 애칭을 받고 있다. 은행 금리보다 10~15배 높은 고수익의 탐나는 재테크다.

금융기관에 5,000만 원을 대출(연 2.9%) 받아 GPL 투자를 했다면, 대출금 월 지급이자는 120,833원, GPL 투자는 연 20% 수입으로 833,333원이어서 712,500원의 순수익이 발생한다.

금융기관에 5,000만 원의 예금(연 1.5%)을 맡기면, 월 이자는 62,500원, GPL 투자 시는 월 이자가 833,333원(연 20%)이어서

770,833원의 수익 차액이 발생한다. 즉 은행 금리보다 13.3배가 많다. 물론 중개 및 심사수수료, 채권관리수수료를 계산하지 않은 계산이지만, 필자의 강의를 수강하면 수수료 없이 투자하는 방법도 배

울 수 있다. 이 글을 읽는 모든 독자분들은 GPL 투자로 현금 흐름이 충분하고, 노후 걱정 없는 신흥 부자가 될 수 있으니 꼭 이 글을 읽기를 소망한다.

필자는 3년 동안 마음수련을 했다. 마음수련을 하면 세상의 돈이나 권력, 명예를 멀리하고 오직 정신이 육체를 지배하게 된다. 우리 삶에는 돈보다 중요한 게 훨씬 많다든가 하는 멋진 말은 많지만, 그야말로 말일 뿐이지 어찌 돈에 매이지 않을 수 있겠는가? 부자들을 만나 이야기를 들어보면 돈이 없어도 보고, 있어도 보고, 많이 벌어도 보고, 잃어도 보았다고 한다. 사람에게 돈은 곧 행불행(幸不幸)을 좌우하는 신(神) 자체이기도 하다.

필자는 한참 일할 나이이지만, GPL(아파트 담보대출) 투자로 시간적, 경제적 자유인이 되어 인생을 유람하고 있다.

GPL(아파트 담보대출) 투자 물건 담보내역

채무자	대출일 상환일	대출금 연 22%	질권대출 연 5.5%	현금 투자	물건지
김○주	20. 6. 29 21. 6. 29	580,000	522,000	58,000	인천 연수구 도종 16-6 D아파트 902동 230*호 126.47㎡
김○희	20. 6. 26 21. 6. 26	160,000	134,000	26,000	안산시 단원구 선부동 1078 1201동 10*호 44.94㎡
전○애	20. 6. 19 21. 6. 19	225,000		115,000	경기도 남양주시 호평동 724 H아파트 02동 30*호 210.98㎡
유○환	20. 8. 19 21. 8. 19	30,000		30,000	부산시 동래구 사직동 1078 S아파트 104동 220*호 59.93㎡
소계	4건	995,000	656,000	229,000	

[GPL 투자 수익률 분석]

총대출금 995,000,000원, 연 22%

질권대출 656,000,000원, 연 5.5%(근저당권부질권대출-부기등기)

　　　　즉, 995,000,000원 근저당권설정 담보 ○○신협에서

　　　　90% 질권대출

현금 투자 229,000,000원, GPL(아파트 담보대출)은 아파트 소

　　　　유자(채무자) 담보를 근저당권설정으로 자금을 융

　　　　통해준다.

대출금 수입이자 995,000,000×22%=218,900,000원 (1)

대출금 지급이자 656,000,000×5.5%=36,080,000원 (2)

순수입이자 (1)-(2) =182,820,000원/229,000,000원

　　　　　　　　=79.83%(수익률)

GPL 투자 월 이자 15,235,000원,

현금 투자 229,000,000원 은행에 맡기면 연 1.5%일 때,

연 이자 3,435,000원(세전), 월 이자 286,250원(세전)

GPL(아파트 담보대출)은 은행이나 제2금융기관에서 채무자의 LTV, DTI, DSR, 신용등급과 소득 등을 살펴보며 대출해주고 있다. 정부의 아파트 규제정책 일환으로 대출을 받기 쉽지 않은 틈새시장에 GPL 투자 상품은 숨은 재테크로 필자가 개발한 재테크 상품이다. 투자 물건 제공과 투자 물건 분석, 그리고 물건

만드는 방법은 필자가 운영하는 아카데미에서 진행하고 있다.

필자도 지금은 한창 열심히 일할 나이다. 하지만 정년을 4년 앞두고 미리 조기 명예퇴직을 해서 제주도에서 한 달 살기를 했다. 제주 바다는 서해나 동해보다 더 아름답고 느낌도 다르다. 봄, 여름, 가을, 겨울 계절마다 정취를 즐길 수 있는 천혜의 아름다운 자연과 풍경, 그리고 순간순간 맛과 멋을 즐겼다. 동서남북으로 제주도의 사면이 통창으로 보이는 곳이고, 이국적인 풍경에 물이 맑고, 공기가 좋아 무릉도원이 따로 없었다. 아름다운 풍경과 감동의 순간들을 마음껏 누리고 즐겼다. 이것이 자유이고, 부자가 되어야 할 이유다.

과거에 어떻게 살았던지 지금 이대로 5년, 10년이 지난다면 무엇이 달라질지 이 책을 읽는 독자분들은 스스로 질문해보자. 그래도 방법이 없다면 이 재테크에 눈과 귀를 기울이시길 간절히 바라며, 31년 금융전문가가 제시하는 이 재테크를 제대로 배우시길 바란다.

세상에서 가장 지혜로운 사람은 배우는 사람이고, 세상에서 가장 행복한 사람은 주어진 삶에 감사하며 사는 사람이다. 하지만 언제까지 주어진 삶에 순응하며 감사만 하고 살아야 하는가? 오늘은 땅 위를 걷고 있더라도 내일은 땅속에 묻히게 될 수 있으므로, 오늘의 삶을 헛되게 보내지 않기 위해 매일의 삶을 크리스마스로 만들어야 한다. 운명이 우리를 누군가와 같은 길에 놓을 수는 있어도, 같은 속도로 함께 가는 것은 우리에게 달려 있다. 하늘을 나는 새는 뒤를 돌아보지 않는다. 이제부터 필자가 제시하는 이 재테크를 제대로 배워 평생 돈 걱정 없이 자신의 꿈을 이루며 사시길 간절히 기원한다. 올해는 나도 금융기관을 무점포로 설립해서 금융 부자가 될 수 있기 때문이다.

삼성의 이건희 회장이 생전에 자주 했던 말이 있다.

첫째, 부자 앞에 줄을 서라. 산삼밭에 가야 산삼을 캘 수 있다는 뜻이다.

둘째, 남이 잘됨을 축복하라. 그 축복이 메아리처럼 나를 향해 돌아온다.

셋째, 내가 아프면 아무리 돈이 많아도 대신 아파줄 사람이 없으니 건강할 때 건강관리에 신경 써야 한다.

워렌 버핏의 부자 되는 18계명은 다음과 같다.

첫 번째, 작은 돈을 아껴야 큰돈을 번다(절약).

두 번째, 조기 경제교육이 평생의 부를 결정한다(경제교육).

세 번째, 우리 집은 가난하다고 변명하지 마라(가난).

네 번째, 책과 신문 속에 부가 있다(독서).

다섯 번째, 본받고 싶은 부자 모델을 찾아라(스승).

여섯 번째, 부는 알리는 것이 아니라 감추는 것이다(검소).

일곱 번째, 시간을 아끼는 사람이 진짜 부자다(시간 관리).

여덟 번째, 정직하게 번 돈은 세상에서 가장 아름답다(정직).

아홉 번째, 고기를 잡으려면 물에 들어가야 한다(용기).

열 번째, 많이 버는 것보다 잘 쓰는 것이 더 중요하다(베풂).

열한 번째, 남에게 관대하고 자기에게 엄격하라(자기관리).

열두 번째, 솔직함보다 부유한 유산도 없다(솔직함).

열세 번째, 가슴에 정열을 품으면 부는 따라온다(정열).

열네 번째, 부자는 끈기로 무장한 사람들이다(끈기).

열다섯 번째, 인생 최고의 투자는 친구다(친구).

열여섯 번째, 자신의 일을 즐기면 부는 따라온다(일).

열일곱 번째, 남들과 다른 자신만의 원칙을 세워라(원칙).

열여덟 번째, 젊다는 것이 가장 큰 자산이다(젊음).

필자가 퇴직 전 GPL 실전 투자 클럽으로 아카데미 강좌를 개최하면서 많은 수강생들로부터 "은행 금리의 10~15배 수익을 얻게 해주심에 감사드립니다"라는 인사말이 끊이지 않고 있다. 물론 필자도 검증하기 위해 10억 원 이상 건별로 투자해서 월 1,500만 원, 연 1억 8,000만 원의 수입을 얻고 있다.

주식을 하는 사람들은 성장하는 기업에 대해 연구하고, 매일

매일 체크하지만 세력들에 의해 개미 투자자들의 돈은 공중 분해될 수도 있다. 하지만 GPL 투자는 자금이 필요한 사람들이 소유한 아파트를 담보 잡고 자금을 융통해주기 때문에 위험이 없다. 아파트 버블을 걱정하는 사람들이 있는데, 최근 아파트 매매가보다 낮은 1주일 전 가격에 의한 KB 일반 시세 담보비율(LTV) 80% 이하로 대출해주므로 걱정하지 않아도 된다. 그래도 걱정인 사람은 채무자가 4대 보험을 가입한 직장인 위주로 대출해주면 안전하다.

01 GPL 정상채권-아파트 담보대출의 이해

인생에서 새로운 단계를 시작하기 위해서는 기존의 것을 끝내는 것을 두려워하지 말아야 한다. 필자는 투자해서 돈을 많이 벌었다는 주식이나 가상화폐 등을 투자해본 경험이 없다. 돈을 잃는 확률이 있는 투자는 하지 않기 때문이다. 그래서 안전성, 수익성, 환금성, 시세차익, 법정대위변제, 유동화순환 투자로 1석 6조가 가능한 GPL 투자의 전도사가 되었다.

저금리 시대의 최대 블루오션이자 재테크 성공을 위한 비밀병기로 월 1,000만 원 이자를 받는 방법이기 때문이다. 이제 더는 재테크 투자처를 찾으러 이곳저곳을 기웃거리거나 방황하고 고민할 필요가 없다. 누구나 돈 걱정 없는 삶을 원한다. 하지만 경쟁률 높은 부동산 경매와 경매보다 한발 앞선 NPL(부실채권)의 현실은 녹록지 않다.

NPL-부실채권 투자 3%P 제한금리에 대한 출구전략

가산금리 3%P 제한금리가 적용되면서 아파트 NPL의 경우 대출 당시 금리 연 3.5%일 때 +3%P이라면 연 6.5% 수익을 얻을 수 있다. 근저당권 이전비 1%, 그리고 조달금리와 세금을 제하면 남는 게 없다. 제한금리 3%P 법 제정 이전 연체이자율은 연 17%(제1금융기관)~연 19.5%(농협, 수협, 신협 등), 연 22%, 연 24%(저축은행 부실채권)의 수익을 낼 수 있었다. 그러나 현재는 아파트의 경우 큰 재미가 없다.

물론 지금은 금융기관의 NPL(부실채권)을 원금 이하에 매입하고 그동안 쌓여 있는 금융기관이 받을 정상(연체)이자를 NPL 채권 매입자가 경매 낙찰 후 낙찰자가 잔금을 치렀을 때 금융기관에서 배당받을 채권최고액 범위 내에서 NPL 매수인이 대신 배당으로 수익을 얻는 방법이 있다.

근린상가의 NPL 채권은 목적물의 주변 부동산을 찾아가 감정가(시세) 5억 원의 근린상가를 금융기관에서 대출 3억 원(채권최고액 : 3억 6,000만 원)의 경매 기입 등기 된 근린상가 피담보 채권을 NPL(부실채권)로 3억 원에 매입한다.

그리고 근저당권이전(부기등기) NPL 채권 매입 후 부실채권 부동산 목적물 주변 공인중개사를 찾아가 NPL로 매입한 근린상가를 4억 원에 경매 입찰 또는 부동산 매입자를 찾아서 맞춰 놓는다. 그리고 경매에 입찰 참가하겠다는 계약서를 작성 후 경매 입찰보증금 명목으로 4,000만 원을 받아놓고, 금융기관에서 론세일(채권양수도계약)로 매입 계약 체결 후 부동산 임의경매 입찰 당일, 4억 원에 경매 입찰에 참여시켜 채권최고액(3억 6,000만 원)을 배당받는 방법이 최근 NPL 고수익 방법이다.

이럴 경우 시세 5억 원의 근린상가를 4억 원에 경매 입찰해서 1억 원 정도 더 저렴하게 근린상가를 매입할 수 있고, NPL 채권 매입자 또한 채권최고액 범위 내 6,000만 원 배당수익(채권최고액 3억 6,000만 원-채권매입금 3억 원)을 얻을 수 있어서 양자가 모두 이익을 보는 투자법이다.

경매 입찰자가 금액을 더 할인받기 원하는 경우 근저당권에 부기등기 질권설정으로 1,000~2,000만 원 배당으로 주는 경우가 최근 NPL(부실채권) 고수익 방법이다. 또는 유입(직접 경매 낙찰)으로 인테리어 후 재매각하는 방법이 최근 NPL(부실채권) 고수들의 투자법이다.

그러나 돈 될 만한 NPL 채권은 발 빠른 AMC(자산관리회사)가 수의계약으로 가져가고, 은행 연체이자와 질권 대출이자를 공제하면 실제 수익은 12% 미만이다. 이런 상황에서 모두가 경제적으로 자유로워지는 터닝포인트가 되는 것이 GPL 투자다. 재테크에 관심 있는 사람이라면 누구든 꼭 한 번은 알아둬야 할 내용이다.

NPL은 금융기관에 담보로 잡힌 부동산 근저당권 설정계약서 채권 최고액을 NPL 법인이 매입 후 배당받아 수익을 내는 방법이다. 채무자가 대출이자 납입 지연으로 연체가 지속되면 담보로 설정된 근저당권설정계약서(채권최고액)를 근저당권자인 금융기관이 경매 신청 후 일정한 자격요건을 갖춘 NPL 법인 AMC에 매각한다.

NPL 채권으로 매입한 AMC는 해당 부동산이 매각(낙찰)되고 낙찰자가 경락잔금을 법원에 납입하면 근저당권 설정계약서를 법원에 제출하고 금융기관에서 받아가야 할 배당금 NPL 채권을 배당받아 투자해서 수익을 얻는 방법이다.

NPL(부실채권)은 경매개시결정 되고 배당요구종기일 이후 금융기관에 매수의향서를 제출한 뒤 근저당권을 매입해서 배당수익, 또는 시세차익을 얻는 만큼 경매 투자와 밀접한 관계가 있다. 그러므로 성공적인 부실채권 투자를 위해서는 배당표를 작성하는 방법과 민법 기초 및 등기업무를 배우고 공법을 학습해야 한다. 또한, 매입한 채권(근저당권설정-채권최고액 범위 내)이 경매 절차에서 선순위최우선변제금과 당해세 등을 공제하면 얼마를 배당받는지 분석할 수 있어야 한다.

이에 반해 GPL 투자는 아파트만 위주로 담보 취득하기 때문에 뚜렷한 권리분석이나 임장 활동을 하지 않아도 된다. KB국민시세와 국세청 실거래가 조회로 시세파악이 되고, 동종지역 물건의 아파트 매각가율로 권리분석이 되기 때문이다.

GPL 후순위 담보대출 전에 국세, 지방세 완납증명서, 전입세대 열람확인서, 지방세 세목별과세증명원, 신용정보활용동의서, 대위변제신청서, 대위변제동의서, 질권설정동의서 등 필요서류를 받고, 선순위 임차인과 당해세 체납이 없다는 사실을 확인 후 대출이 이뤄지기 때문에 고수익은 물론, 안전하다고 할 수 있다.

이러한 GPL 투자는 크게 두 가지로 나눌 수 있다. GPL(아파트 담보대출), 정상대출 투자와 유동화(근저당권부질권대출-부기등기)로 순환 투자로 재투자하는 방법이다.

첫째, 상환기일과 '기한의 이익 상실'이 되지 않은 이자 납입이 잘되고 있는 정상채권이다. 2순위 근저당채권 매입 후 1순위가 연체자 '피담보채권 확정'되면 1순위 연체이자를 얻기 위해 1순위 대위변제 목적으로 한 채권매입이다.

둘째, 투자된 근저당권설정(채권최고액)을 질권설정 부기등기 후 근저당권부 질권대출(유동화)로 기초자산(근저당권설정금액)을 담보로 증권 발행해서 또 다른 자금을 확보하는 방법이다.

투자 사례를 살펴보면 채무자는 4대 보험 홈플러스 가입자이고, 투자자는 직장인으로 1,900만 원(채권최고액 28,500,000원) 투자 후 매월 34만 원의 이자를 받고 있다. 이때 근저당권설정 28,500,000원을 질권금융기관(질권사)에 근저당권부

질권설정(부기등기)으로 담보제공하고, 19,000,000원×80%=
15,200,000원의 질권대출로 추가로 재투자해서 차액만큼 수
익이 가능하다.

경기도 파주시 금촌동 424-41 K아파트 제104동(제19층 중 제9층)

아파트 59.85㎡, 대10398분의 24.859㎡, 408세대, 매각가율 88.4%

1순위 현대캐피탈 105,000,000원(설정금액 126,000,000원), 연
4.2%, 연체이자 연 7.2%

2순위 GPL 대출 19,000,000원(설정금액 28,500,000원), 연 22%,
연체이자 연 24%,

대출 당시 이율 현재 연 20%-최고이자율, 연 15% 법정최고
이자율 국회 상정 중이다. 중도 상환수수료 2%

담보비율 124,000,000원/151,500,000원(82%-상한가액)

담보비율 124,000,000원/146,500,000원(84%-KB시세)

담보비율 124,000,000원/145,000,000원(85%-매매가액)

→ 2018년 6월 매매금액 6층

담보비율 124,000,000원/146,000,000원(84%-매매가액)

→ 2018년 4월 매매금액 10층

투자금액 19,000,000원×22%=4,180,000원,

대출 당시 최고이자율 연 24%~연 27.9%

수수료액 19,000,000원×4%=760,000원,

현재 수수료는 2%~3.5%

수익금액 4,180,000원-760,000원=3,420,000원/19,000,000원

=18%(수익률)

월 285,000원이다.

은행에 예치 시 월 이자 31,666원(세전), 26,789원(세후이자)

결국, 은행에 예치할 때보다 10배 이상 고수익이다.

[수수료 투자금 환산 시 수익률]

순수익금 4,180,000원/19,760,000원

= 21%(수익률), 월 348,333원이다.

은행에 예치했을 때 세전이자 월 32,933원이다.

은행 금리보다 10.5배 이상 수입이다.

[예상 낙찰가 및 배당표-시세차익]

감정가액 151,500,000원×88.4%(매각가율)=133,926,000원

[근저당권설정으로 부동산 임의경매 예상배당표]

대출 당시 책정한 이자율 연 24%~연 27.9%(최고이자율 2021. 7. 7 이전 계약자)

낙찰예상가 151,500,000원×88.4%(매각가율)=133,926,000원

경매예상비 1,525,000원(감정가 1%)

1순위 현대캐피탈 105,000,000원(원금)

1순위 대출이자 105,000,000원×330/365일×7.2%

= 6,835,068원(배당 때까지 이자)

GPL 투자 원금 19,000,000원

GPL 투자 이자 19,000,000원×330/365일×24%

= 4,122,739원(배당받을 때까지 이자)

예상배당표 133,926,000원-1,525,000원-105,000,000원

-6,838,068원-19,000,000원-4,122,739원

=-2,559,807원

[손실배당 예상-원금 회수, 경매 예납금 환급]

근저당권설정으로 연체 시 부동산 임의경매가 진행되었을 때 수익률을 확인하면 GPL 투자 안전성을 검증할 수 있다.

경매 신청 2차에 매각(낙찰)된다고 가정할 때 배당일까지 11개월 정도 소요된다.

총금액 136,485,807원(1,525,000원+105,000,000원+6,838,068원

+19,000,000원+4,122,739원), 입찰금 90%(136,485,807

원/151,500,000원)에 경매 입찰 참여한다.

누군가 그 이상 낙찰받으면 GPL 투자자는 근저당권 설정계약

서를 법원에 제출하고 배당금으로 원금과 이자가 회수 가능한지 확인해보자.

후순위 투자자가 입찰해 낙찰받으면 시세 151,500,000원 아파트를 136,485,807원(90%)에 낙찰받아 매매가 151,500,000원에 매각하면 15,014,193원(151,500,000원-136,485,807원)의 시세차익을 얻을 수 있다.

역세권으로 부동산을 유입 낙찰받아 아파트 가격 상승 시점에 재매각하면 더 많은 시세차익을 얻을 수 있다.

낙찰받는다면 부동산 미래가치를 판단해 소유하고 있다가 재매각한다면 시세차익은 더 클 수 있다. 이 물건 매각가율 48평형, 38평형, 24평형 모두 평균 가중 평균 매각가율이다.

02 초보자 GPL 투자 방법

GPL(아파트 담보대출) 투자 물건지 물건보고서를 작성해 필자가 수강생 단톡방에 제공해주고 있다. 이런 물건 중 자신의 현금 여력에 맞는 물건을 선정해 투자하면 된다. 다음은 필자의 강의를 들었던 수강생이 투자한 물건이다.

아파트 평형대는 국민주택규모 $84.85 m^2$ 이하 아파트가 이자 연체로 경매 신청 시 매각가율이 높다. 또한, 세대수가 많은 아파트는 대단지 아파트 앞에 편의시설과 학교, 관공서, 역세권이 있어 투자하기 좋은 물건이라고 보면 된다.

투자자는 유동화(근저당권부질권대출-부기등기) 순환 투자를 원할 경우 대부사업자 등록 후 질권대출을 받기 위해서는 대출 당신 원채무자(아파트소유자)가 사업자를 선택해 투자하면 가능하다.

【 표 제 부 】	(전유부분의 건물의 표시)			
표시번호	접수	건물번호	건물내역	등기원인 및 기타사항
1 (전 1)	1995년 11월 9일	제6층 제610호	철근콘크리트조 84.85㎡	도면편철장 제321책 제150장
				부동산등기법 제177조의 6 제1항의 규정에 의하여 2001년 07월 26일 전산이기
(대지권의 표시)				
표시번호	대지권종류		대지권비율	등기원인 및 기타사항
1 (전 1)	1, 2 소유권대지권		6226000분의 31924	1995년 10월 28일 대지권
				1995년 11월 9일
				부동산등기법 제177조의 6 제1항의 규정에 의하여 2001년 07월 26일 전산이기

부산광역시 동래구 온천동 1680번지 H아파트 1동 6○○호[19 층 중 6층], 선순위 금융기관(1순위)은 고려저축은행, 후순위(2순 위) 대출을 요청한 채무자다.

"채무자(동거 아들 2명 직장인-이자납입) 월소득 600만 원(각 각 300만 원) 이상, 역세권 GPL 5,800만 원(월 이자 870,000원, 연 18%) 후순위 5개월이자 검증 대환 대출 신청자 투자가 가능하 다(담보비율 LTV-80%)"라고 필자가 수강생 단톡방에 올리면, 이 물건을 투자를 원하는 수강생은 자신의 자금 여력에 맞는 투자 금액(최소 투자금액 1,000만 원)대를 선택해 투자하면 된다.

KB 시세가①	20,500만 원			매매가액	22,300만 원~23,500만 원
1순위대출② (설정금액)	10,600만 원(고려저축) (13,780만 원)			1순위 이율	연 3.5% 최고이자(연 6.5%) 이자제한법 3%P 가산금리 인하 18. 4. 30 금융기관 시행 중
2순위 대출③ (설정금액)	5,800만 원 (7,540만 원)			2순위 이자	연 18%/중도 2% 연 20%(최고이자) 21 . 7. 7 시행 월 이자 : 870,000원
담보비율(LTV) ②+③ / ①	16,400만 원/20,500만 원 = 80%			자금용도	후순위 대환 및 생활자금
단보물 소재지	부산광역시 동래구 온천동 H 아파트 1동 610호				
면적	공용	108.28㎡	33평형	전용	84.85㎡ · 26평
세대수	227세대		매각가율(최근 3개월)		103%

    물건보고서에서 보듯이 KB시세 205,000,000원, 최근매매가 223,000,000원~235,000,000원, 1순위 대출 106,000,000원(고려 저축은행), 설정금액 137,800,000원, 연 3.5% 대출이자율을 약정한 대출금이다.

    경매 신청이 되지 않겠지만 경매 신청을 해도 3.5%+3%P(제한금리-2018년 4월 30일 이후 시행), 총 6.5% 이상을 배당받지 못한다, 2018년 4월 30일, 제한 가산금리 3%P가 없었을 때는 채권최고액으로 85% 미만으로 대출금 한도를 책정했지만 약정금리+3%P(가산금 제한금리) 이후부터는 잔액에 대해 80% 미만 대출 한도를 산정하고 있다.

공급/전용 면적(m²) 108.28/84.85	매매가액(만 원)			전세가액(만 원)		
	하위평균가	일반평균가	상위평균가	하위평균가	일반평균가	상위평균가
	19,000	20,500	21,000	15,000	16,000	16,000
실거래가	계약월	매매가액	층수	계약월	매매가액	층수
	2021. 11	20,800	10	2021. 9	19,700	4
조사방법	□ 자체조사 : □ 조사업체 : ○○ 공인중개사 □ 주변여건 : 달북초, 온천중, 사직고, 미남역 등					
채권보전 방법	■ 국세납부증명원, 지방세납부증명원, 전입세대 열람확인원, 지방세 세목별 과세증명원, 사실증명원(당해세 체납여부 확인) ■ 여신품의서, 대출거래약정서(금전소비대차약정서), 전입세대확인서, 근저당권 설정계약서, 대위변제신청서, 대위변제동의서, 개인신용정보활용동의서, 가등기설정계약서, 기타					
비고	※ 주부 – 같이 거주하는 아들 2명, 각 월 300만 원 소득 있음/생활비 지원					

앞의 물건보고서 상세 내역에서 보듯, 하위평균가, 일반평균가, 상위평균가와 전세금액 확인이 가능하며 최근 국세청 실거래가액을 확인할 수 있다. 채권보전방법에서 채무자 구비서류와 채무자에게 받는 서류 징구 후 비고란에서 보듯이 채무자의 직업, 연봉 확인이 가능하다.

법인설립을 하지 않고 투자를 원하는 경우 다음의 주요등기사항처럼 빅중개대부 근저당권설정에 부기등기로 질권설정해서 투자하면 안전하다. 근저당권, 유치권, 질권은 담보물권이기 때문이다.

순위번호	등기목적	접수정보	주요등기사항	
5	근저당권설정	2014년 9월 22일 제54094호	채권최고액 금 137,800,000원 근저당권자 주식회사 코려저축은행	
6	근저당권설정	2021년 9월 28일 제124666호	채권최고액 금 69,000,000원 근저당권자 빅중개대부주식회사	
6-1	질권	2021년 9월 28일 제124671호	채권액 금 69,000,000원 채권자 윤정배	
7	전세권설정	2021년 9월 28일 제124672호	전세금 금 5,000,000원 전세권자 빅중개대부주식회사	

채무자가 대출 의뢰 후 투자자가 투자 물건을 선정하면 채무
자로부터 다음의 그림처럼 구비서류를 발급받는다. 서류 심사
후 세금 체납과 본인 소득이 이상 없는 경우, 법무사님 또는 자
서권이 있는 중개업체가 대출에 필요한 자서를 받아 근저당권
설정 접수번호가 나오면, 법무사 통장에 입금(선순위 또는 후순
위 대환 있는 경우), 또는 채무자 통장에 법무사 비용을 제외하고
입금하고 매월 이자를 수납하게 된다.

신神의 재테크 GPL 아파트 담보대출로 매일매일 돈 벌어주는 남자

03 수강생들이 자주 질문하는 Q&A

Q. GPL 1억 원 투자, 연 20% 대출금이자 계약 체결 시 이자 계산 방법은?

A. 100,000,000원×20%=20,000,000원/12월=1,666,666원, 이렇게 매월 30일, 31일 구분하지 않고 이자를 받는 방법이 있다. 만약 2월 같이 28일이 마지막 날인 경우 한 달 이자를 받기 원한다면 100,000,000원×28/365×20%=1,534,246원, 이렇게 일할 계산하면 된다.

Q. 개인도 GPL 투자가 가능한가?

A. 가능하다. 1~2건은 개인근저당권설정(세금 종합소득세 27.5%) 또는 대부사업자 근저당권설정에 질권설정으로 가능하다.

Q. 개인사업자(자기자본 1,000만 원)와 대부법인사업자 중 어느 쪽이 유리한가?

A. 개인사업자(자기자본 1,000만 원)는 종합소득세 신고대상으로 소득세율 구간에 따라 간이과세 대상일 때 유리하지만, 투자금액 이자소득세 세율구간에 따라 판단해서 결정해야 하며, 매월 기장료 11만 원(부가세 포함)이 절약 가능하다. 대부법인사업자(자기자본 5,000만 원)는 매월 기상료 및 사업장 임대에 따른 임대료 고정지출비가 지출되지만, 법인세 세율구간은 통상 2억 원(당기순이익)일 때 인건비, 경비, 세무기장료, 중개수수료 등 공제 후 세율구간에 따라 세금을 내기 때문에 투자금에 따른 당기순이익을 보고 결정하는 것이 좋다.

Q. GPL 투자 시 원금손실도 있을 수 있나?

A. 간혹 투자자들이 아파트 가격의 버블현상이 올 때 원금손실을 염려하기도 한다. 하지만 KB시세는 매주 금요일 가격변동(가격상승 또는 하락)이 있고, 이 가격에 80% 이하 대출을 취급하기 때문에 최근 1주일 가격변동 금액으로 대출이 지원된다. 이런 걱정이 있는 투자자는 4대 보험 가입직장인 위주로 투자하면 경매로 배당받고 원금이 일부 남아 잔존이 발

생할 경우 채무자 직장에 급여를 압류하면 된다. 원금 손실이 있는 경우 지금까지 세입자 전세금 미확인, 또는 전세자를 월세자로 속여 대부사업자에게 계약서 위변조로 사기 당한 경우를 제외하고 원금 손실을 낸 투자 건은 없었다.

Q. GPL 투자 시 6개월 이내 상환되는 경우 수익률도 반으로 줄어드는 데 해결 방법은 없는가?

A. 필자의 경우 1~2년 사용하는 경우가 대다수였다. 그 이유는 어떤 투자자들은 아파트 가격하락을 염려한 나머지 LTV(담보비율)가 낮은 투자를 하지만, 이런 경우 3~4개월 내 낮은 금리로 대환되는 경우가 많아 필자의 경우 담보비율이 80%가 넘는 4대 보험 가입직장인 위주로 대출을 지원하기 때문에 대환이나 거래선 변경이 쉽지 않다.

Q. 개인도 유동화순환 투자가 가능한가?

A. 가능하다. 예를 들면, 중개업체 ○○대부(주)근저당권설정, 질권사 ○○파이낸셜대부(주) 협력업체와 당일 근저당권설정 당시 동시에 질권사 부기등기로 질권설정 후 2~3일 후 90~100% 질권대출이 가능하다. 이때 개인 투자자는 에쿼티

(자기자본) 투자가 10% 이하이기 때문에 중개업체와 협약서 작성 후 질권사 후순위로 질권설정 또는 100% 유동화가 된 경우 투자금 협약서 작성 후 투자하는 방법이 있다.

Q. 사후관리 방법은?

A. 사후관리는 이자납입일 5일 전 문자를 발송하고, 당일 이자가 입금되지 않았다면 익일 다시 문자를 발송한다. 그러고도 입금이 되지 않으면 전화를 하고, 전화를 받지 않는다면 이자납입 2개월 이상 이자 연체자에 대해 '기한의 이익 상실 및 부동산 임의경매 통지서'를 발송한다. 양식은 이상준 박사 NPL 투자 연구소 자료실에 있다. 5개월 이상 이자 납입이 되지 않으면 경매실행통지서를 발송하고, 그래도 이자를 납입하지 않으면 물건지에 방문해 채무자를 만나 상담을 한다. 경매 실행 시 경매 비용도 부담이고 하니 급매로 부동산에 내놓아 정리하도록 유도하고, 매매로 정리하는 것이 좋다. 등기부등본에 경매기입 등기되면 아파트를 제 가격으로 매매하지 못하게 되어 불리하다는 내용을 통보하고, 인근 부동산 중개사무소에 부동산을 내놓고 매수자가 있을 때 채권자라고 하며, 채무자(소유자)와 매매하도록 유도하고, 채무자를 만나지 못할 경우를 대비해 '방문안내장'을 만들어 문 앞

에 붙여 놓는다.

다음은 대출금이자 납입 안내장 샘플이다. 대출금, 대출일, 상환일, 대출이율, 대출금이자 납입일, 입금은행, 예금주, 입금이자금액을 일반문자와 카톡으로 발송한다.

"안녕하세요. ○○○ 고객님. ○○○대부(주)입니다. 이번 달 대출금 이자 납입금액은 대출금 1억 원×연 18%=18,000,000원, 월 이자 1,500,000원입니다. 입금은행은 ○○은행 123-345-789 예금주 이○○입니다. 이번 달 25일까지 입금해주시면 감사하겠습니다. 기타 자세한 문의는 010-1234-5678로 문의해주시면 성실히 답변드리겠습니다. 오늘도 승리하는 멋진 날 되세요. 감사합니다."

기타 더 자세한 내용은 이상준 아카데미 강의에서 다루도록 하겠다.

04 GPL 투자의 함정은 무엇인가?

간혹, 필자의 'GPL 투자법'을 흉내 내는 곳들이 있다. 필자의 아카데미에서는 GPL 실전 투자 시 근저당권설정에 부기등기 질권설정으로 담보물권(유치권, 질권, 근저당권)을 확보해주고, 모든 원인서류는 투자자가 보관한다. 하지만 일부 투자금을 유치하는 '사모사채발행'이나, P2P에 투자하는 투자자는 '원리금수취증서'만 받고 투자한다. '질권설정'으로 부기등기를 해준다고 해도 원인서류를 투자자가 보관하지 않을 경우 부기등기 '질권설정계약서' 보안카드 스티커만 제거하면 언제든지 '질권말소'도 가능하므로 투자자는 원인서류 원본 일체를 투자자가 보관해야 한다.

모든 투자에는 리스크가 따른다. 하지만 GPL 투자 시 우선적으로 살펴야 할 일은 선순위(1순위) 채권자가 제1금융기관인지, 저축은행인지, 캐피탈인지, 개인 근저당권설정인지 반드시 살펴봐야 한다. 만약 캐피탈이나 저축은행의 경우 이자가 높기 때문에 배당 시 선순위 배당이 높아질 수 있기 때문이다. 제1금융기관은 아파트 금리를 연 3.5% 계약 약정했을 때 최고이자율은 제한금리 3%P에 묶여 있어 연 6.5%(현 금리 연 3.5%+3%P) 이상 배당받지 못한다. 그러나 저축은행이자나 캐피탈 대출금이자의 경우 연 14% 약정된 선순위 아파트는 연 17%(연 14%+3%p)를 배당받는다.

또한, '전입세대열람'의 허점을 노린 사기가 발생할 수 있다. 물건지 주소에 '3동 307호'를 '제3동 307호'로 전입하는 경우 '해당사항 없음'이 된다. 대출 취급 시 반드시 확인하는 전입세대 내역의 허점을 노리거나 현재 전세세입자를 월세로 속여 세입자 확인을 안 하는 대부사업자를 노리는 사문서 위조 사고가 발생할 수도 있다. 본인이 거주하지 않고, 세입자의 전세금 또는 월세인 경우 세입자 인감증명서와 전세금, 월세보증금 '세입자 자필확인'이 필수다. 간혹 세입자 전세보증금이 1억 3,000만 원이 있었는데, 월세보증금 1,000만 원/월 60만 원이라고 속이거나 계약서를 위조해 대출 신청을 했으나 대부중개업체가 이를 확인하지 않아 간혹 사기꾼을 만날 수도 있으니 각별한 주의가 필요하다.

이런 염려가 되는 사람은 채무자가 거주하는 아파트에 투자하면 좋을 듯하다. 이 경우 사문서 위조로 고소하면 합의가 이루어질 때 투자금을 회수할 수 있지만, 민사 소송으로 갈 때는 재판

결과로 다른 부동산을 채권 보전조치 받아야 하기 때문에 스트레스가 이만저만이 아닐 것이다.

경매기입 등기 후 간혹 없었던 세입자가 들어오는 경우가 있다. 이런 경우 최우선변제금을 먼저 배당받게 되니 이런 경우도 조심해야 한다. 대출 당시 국세, 지방세 체납을 확인하지 못한 경우, 미납세금이 국세 우선의 원칙에 의해 배당받아갈 수 있으니 이런 경우도 조심해야 한다.

05 KB시세 7.5억 원 아파트, 단돈 5,000만 원으로 매입 7억 원 시세차익 얻는 방법

필자의 강의를 들은 수강생 중 살던 15억 시세 아파트는 전세(10억 원)를 주고, 본인은 월세를 살면서 여유로운 인생을 사는 40대 직장인이 있었다. 이 수강생은 10억 원 GPL 투자로 매월 1,500만 원의 수입을 발생시키고 있고, 이 투자된 근저당권설정을 담보로 (근)질권설정(부기등기)을 해 인천 송도 대성신협에서 연 5.5%, 9억 원 질권대출을 받아 재투자했다. 9억 원, 11%(연 20%-3.5% 수수료-5.5% 질권이자)=99,000,000원의 추가 수입을 발생시켜 본인 가족은 월 250만 원 아파트에 월세로 살고 있다. 15억 원짜리 아파트에 살아야 할 이유가 없었기 때문이다. 이 수강생은 GPL 투자 시 4대 보험 가입 직장인 위주로 담보비율이 낮은 물건을 골라 수익을 내는 방법도 있지만, GPL 투자 후 이자 납입 장기연체자로 경매 신청된 NPL(경매기입등기 된 채권)을 물건화해 유입 후 시세차익을 얻어 7억 원 이상 시세차익도 가능하다.

인천광역시 연수구 송도동에 있는 48평형 아파트는 대출 당시 KB시세 7.5억 원, 1순위 GPL 투자금은 5.8억 원(채권최고액 870,000,000원-근저당권설정)이었다. 이 아파트는 부산 거주자가 송도 아파트 상승에 대한 정보를 얻어 갭 투자 목적으로 투자했다.

이 갭 투자자는 자금출처를 걱정해 GPL 투자로 연 22%(대출 당시-2021년 7월 7일 이전 이자율 최고 연 20%~연 24% 약정)로 하고 대출을 취급했으나 이자를 납입하지 않아 이 아파트를 KB시세 7.5억 원에 법인사업자로 소유권이전 매입하고, 필자가 지점장으로 근무했던 금융기관에서 KB시세 80% 법인대출을 취급했다.

투자자가 투자한 현금은 1.5억 원이었다. 그러나 현재 이 아파트 시세가 1년 만에 14억 원까지 가격상승이 되었고, 송도 신도시 아파트는 계속해서 아파트 가격이 급반등하고 있다.

행복의 비밀은 좋아하는 일을 하는 것이며, 성공의 비밀은 하는 일을 좋아하는 것이다. 다른 사람들은 이 수강생이 대부업을 한다고 좋지 않은 시선으로 볼지도 모르지만, 이 수강생은 무점포 1인 금융기관을 설립해 자산을 지키며 자본을 증가시키는 일을 좋아하고, 3명의 자녀에게 부(富)를 대물림 시켜주고 있다.

06 GPL 투자 세금 절세 방법

　노후를 책임지는 부동산 투자에서 수익형, 연금형 부동산 투자와 금융 투자에서 발생한 수입의 세금은 세율이 다르고, 경비 처리 방법이 다를 수 있다. 행복은 우리가 하는 모든 생각, 말과 행동이 조화를 이룰 때 도달할 수 있다. 세금도 마찬가지다. 절세하는 방법에 균형과 조화가 필요하다.

　대부 법인사업자 설립으로 세금은 당기순이익 2억 원 이하는 10%(11%-부가세 포함)다. 인건비, 경비, 사무실 운영비, GPL 투자 시 취급수수료, 세무사 기장료, 그리고 차입금이 있는 경우 가수금 등 차입금이자를 공제하고 남은 당기순이익은 미처분이익 잉여금으로 쌓아 놓고, 나중에 청산 절차 시 대표자, 이사, 감사, 퇴직금 등으로 처리하는 절세방법이 있다. 정관에 임원 사망 보험금으로 3~5억 원씩 정관에 기재해 절세 받는 방법도 있다.

　개인은 비영업대금의 이자소득세 25%(주민세 10%, 27.5%)

를 납입해야 하며, 사모사채 발행으로 투자 시 이자소득세는 15.4%가 공제된다.

보험회사 모집인 보험설계사(FC)의 경우 3.3% 공제 후 이자를 받는 경우도 있다. 이런 자세한 세금처리 방법은 이상준 아카데미 정규강의에서 공인회계사와 세무사님 같은 실무자를 통해 더 자세히 다룰 예정이다.

07 GPL 투자 출구전략은 무엇인가?

삶은 매일 24시간짜리 수표를 우리에게 무료로 나눠준다. 그것을 어떻게 사용하는지는 우리들의 몫이다. 공짜이기 때문에 대부분의 사람들은 그 가치를 잘 모른다. GPL 투자자들은 법정이자율에 따라 수입이 많이 달라진다. 그렇지만 무엇보다 투자된 자산을 안전하게 지키는 것이 제일 우선이다.

재테크 3원칙은 안전성, 수익성, 환금성이다. 안전성은 아파트 담보만을 잡기 때문에 누구나 살고 있고, 찾고 있는 아파트 매각가율이 93% 이상이고, 대부분 채무자는 직업이 있거나 다른 재산이 있다.

수익성은 1억 원, 연 1.5% 예금금리로 은행에 맡기면 연 이자가 1,500,000원, 월 이자가 125,000원(세전)이다. 세후이자는 더 줄어든다. 하지만 GPL에 연 20%(2021년 7월 7일 이후 법정최고이자율) 투자 시 연 이자는 20,000,000원, 월 이자는 1,666,666원이다. 중개모집인 및 채권심사수수료, 사후관리수수료를 공제하더라도 은행 금리보다 10배 이상 고수익이다.

환금성은 유동성이라고도 한다. 필자의 수강생 중 홍콩상하이은행 지점장이 아파트 담보를 잡고 GPL에 3억 원을 투자했다. 물론 GPL 아파트 담보물건은 7건이었다. 이 투자자는 아파트 20채를 갭 투자로 보유하고 있었는데, 전세자 중 한 명이 3억 원의 전세금 반환 요청이 있어 필자에게 근저당권 이전이나 질권설정으로 자금 융통이 가능하겠느냐는 요청이 있었다. 수수료 없는 투자이기에 필자가 GPL 투자금 3억 원 자금을 근저당권이전과 질권설정으로 투자금을 해결해주었다 .

이 아파트들은 지금도 연체 없이 이자가 잘 들어오고 있다. 당시 대출금 이자는 연 20%~연 24%(2021년 7월 7일 이전 계약체결) 물건들이라 연 22% 계약체결로 3억 원 연 이자가 66,000,000원, 월 이자는 5,500,000원이다.

재테크 3원칙에 이어 이자 장기 미납 채무자로부터 아파트 반등 지역인 경우 1주택자 이름으로 매입, 시세차익, 후순위대출 GPL인 경우 선순위(1순위)가 이자납입 지연으로 경매기입등기된 때 법정대위변제(이해관계인이므로)로 수입을 얻을 수 있으며, 근저당권부 질권대출로 유동화순환 투자(다수의 수강생 진행 중)를 해 1석 6조 투자가 가능하다.

다양한 GPL 투자 추가 출구전략을 알아보자.

첫째, 서울 수도권의 300~500세대 이상 아파트 담보대출에 대해 GPL(정상채권-아파트담보대출) 론세일(채권양수도계약) 매입이다. 피담보채권(채권최고액)이 확정된 시점에 법정대위변제로 기대출약정 이자율+3%P 제한이자 수익에서 법정최고이자 범위 내 채무자와 새로운 계약(연 15~20%)으로 법정대위변제해 고수익을 얻는 방법이다. 이때 채무자(부동산 소유자)는 금융기관의 연체자로 신용불량자가 되면 모든 금융기관의 신용카드 사용정지와 신용등급하락을 막을 수 있으며, 이사할 때 이사비 명목으로 일정한 자금을 지원받을 수 있다. 따라서 법정대위변제에 동의하는 것이 자신(채무자-소유자)에게 유리하다는 것을 알기 때문에 법정대위변제에 동의하게 된다. 이런 법정대위변제의 지위를 얻기 위해 2순위 채권을 매입 또는 대출해 고수익을 얻을 수 있는 길목을 지키는 방법이다.

둘째, 다른 GPL 투자 방법은 처음부터 2순위 대출에 후순위담보대출로 자금을 투자하고, 연 15~20% 법정최고 이자율(2021. 7. 7 이후)을 받는다. 현재 연 15% 국회 상정 중이다. 해당 부동산에서 1순위, 또는 2순위 대출금이 연체되면 1순위 임의(법정)대위변제와 2순위 근저당권으로 경매 신청 후 못 받았던 연체이자 연 20%로 수익을 얻게 된다.

셋째, 후순위대출(2순위 근저당권 설정) 이후 1순위 근저당권

대출 연체로 경매를 신청해 경매 기입등기 되면 법정대위변제로 더 많은 수익을 얻을 수 있다

넷째, 유동화(근저당권부 질권대출) 순환 투자로 연속해서 수익을 얻는 방법이다. 최근 예가람저축은행, BNK캐피탈, 부산고려저축은행, 단위수협 일부, 신협 일부, 강남캐피탈 대부(주), 아프로 대부(주) 등에서 GPL 대출금 1억 원(근저당권설정 금액 150,000,000원)일 때 1억 원에 대한 연 이자 약정이자율 18%로 매월 이자를 받으면서 150,000,000원 근저당권부질권설정-부기등기로 8,000만 원 질권대출(이자율, 연 6.5%~연 10%)을 받아 다른 GPL 물건을 선정해 대출금을 재투자해서 차액에 대해 수익을 얻는 방법이다. 이렇게 반복해서 5번 이상 돌리면 수익률 연 50%~연 138% 이상이 가능하게 된다.

다섯째, GPL 투자는 앞에서 설명한 것과 같이 안전성, 수익성, 환금성(유동성), 유입(직접 낙찰) 시세차익, 유동화순환 투자, 법정대위변제가 가능한 1석 6조 투자다.

실제 필자도 환금성으로 GPL(아파트 담보대출) 투자로 수익을 얻고 있다. 수강생 중에 2순위 담보대출로 2,500만 원을 투자한 채권자가 공인중개사 사무실을 오픈한다고 했다. 집기비품 구매비용이 필요하다며 투자금 반환을 요청해 필자가 근저당권이전(부기등기)으로 투자금을 반환(유동성-환금성)해주었다. 또 어

떤 수강생 투자자는 6개월 이상 장기 연체 채무자에 대해 부동산 임의경매로 자금 회수를 원하지 않아서 필자가 투자금을 돌려주고 근저당권 이전 후 투자금을 돌려줬다(필자도 수수료를 줄이고, 밀린 이자를 일부 챙기고, 경매환급금 수익도 경우에 따라서는 챙길 수 있다).

이처럼 필자가 경매로 배당받은 경험처럼 다양한 수익을 얻을 수 있는 투자가 GPL(아파트 담보대출)이다. 수강생들은 GPL(아파트 담보대출)을 통해, 6가지(안전성, 수익성, 환금성, 시세차익, 유동화순환투자, 법정대위변제) 투자법으로 고수익을 얻고 있다.

대한대부협회에서 8시간 동안 대부 교육을 받고, 자기자본 1,000만 원으로 개인사업자를 하거나 자기자본 5,000만 원인 대부법인을 설립하면 절세 효과를 얻을 수 있다. 대한대부협회 회원 가입 시 가입 입회비 550,000원, 월 5만 원씩 납입이 의무화되었다. 직접 등록 시 대부등록 총비용은 40만 원(교육비 10만 원, 서울보증보험 20만 원, 대부등록비 10만 원)이다. 이 밖에 더 상세한 내용은 강의를 통해 확인할 수 있다(이상준 박사 NPL 투자연구소(https://cafe.daum.net/happy-banker).

바꿀 수 없는 과거 때문에 신경을 쓰는 것은 쓸모없는 일이다. 이제는 미래를 바꿀 생각을 하며, 이상준 아카데미에서 제대로 된 투자법을 한번 배워보자. 평생 써먹을 무점포 1인 금융기관을 설립해 실무자, 대리, 지점장 역할로 더 많은 자금을 상조회, 군인공제조합, 자산운용사 등을 통해 자금 차입하는 방법을 필자와 함께 학습해서 시간적, 경제적 자유인이 되자. 자신이 좋아하는 일을 함께 하면서 부(富)를 대물림해주는 현명한 사람이 되길 기원한다. 머물지 않는 한 느리게 가는 것은 상관없다. 우리는 제대로 된 GPL 재테크로 돈 걱정 없는 가업을 우리 후손들에게 상속하게 될 것이다.

필자는 샐러리맨으로 31년간 근무한 직장을 그만두고 시간적, 경제적 자유인이 되어 정년 60세를 채우지 않고, 직장 선후배들한테 박수를 받으며 조기에 명예퇴직했다. 이제 그 경험으로 다른 수강생들에게도 시간적, 경제적 자유인이 되는 방법을 찾아주기 위해 퇴직과 동시 이상준 아카데미를 설립했다.

2022년 2월 6일, 이상준 아카데미를 설립한 날에 오후 비행기로 제주도 한 달 살기에 들어갔다. 집은 서울 압구정동에 있는 현대아파트에 거주하지만, 제주도에 8만 8,000평 말 농장을 경영하는 친구가 제주도 서귀포시 신도리에 있는 바다앤펜션, 제주앤펜션 등 한 달 동안 묵을 숙소를 잡아주고, 모든 비용을 지불해주었다. 세상에 고마운 사람은 많지만 돈을 떠나 그 마음이 감사하다.

이 친구는 돈이나 방법보다는 삶의 가치와 올바른 인생관을 느끼게 해주는 친구가 아닐까 싶다. 나는 오늘도 이 친구를 위해 건강과 행운이 영육과 함께 하기를 기도한다. 이 친구는 부동산으로 많은 돈을 벌었다. 필자가 실력인지, 운인지를 묻자 이 친구는 운과 실력 그리고 하나님의 은혜가 함께했기 때문이라고 했다.

필자가 숙소비를 지불하기 위해 계좌번호를 알려달라고 하자 "준아, 좋은 책을 써서 선물해주는 것이 나에 대한 보답일세"라며 극구 거절했다. 이 친구에게 내가 새라면 하늘을 주고, 꽃이라면 향기를 주겠지만, 나는 인간이기에 친구에게 사랑과 변치 않을 우정을 줄 것이다.

필자는 이곳에서 책 4권을 집필했다. 추사 김정희 선생님께서 제주도(탐라)에 유배를 와서 작품활동을 꾸준히 했듯이 필자도 열심히 집필했다. 그리고 이곳에서 힐링하며 맛난 향토 음식을 먹고, 귀한 볼거리를 보며, 31년간 직장 생활을 한 스스로에 대한 선물과 보상을 즐기고 있다.

투자에는 리스크가 따르기 마련이니 전문가로부터 조언을 받고, 투자 부동산의 권리분석을 체계적으로 배워야 한다. 대한민국 1%만 알고 투자하는 GPL 고수들의 돈 잔치는 어떻게 이뤄지고 있는지, 진화하고 실패 없는 방법으로 투자하기 위해서는 이론과 실무를 통해 터득해야 한다. GPL(정상채권) 후순위 담보대출 리스크와 함정 피하는 법과 선순위 대항력 여부 그리고 당해세 체납 여부를 파악해야 한다.

바야흐로 100세 시대다. 100세 시대 수익형 연금형 부동산으로 준비해야 한다. 경매에서도 수익형 부동산이 있듯 GPL도 수익형 연금형 담보부채권 유입 또는 대위변제와 유동화 순환구조 투자로 고수익을 얻을 수 있다. 모든 투자의 기본은 종잣돈이다. 그 시발점은 샐러리맨의 경우 통상적으로 3,000만 원에서 1억 원까지다. 1억 원을 만들기 위해 절약하고 검소함을 실천하고, 매달 3년 또는 5년에 월 적금 얼마를 적립해야 하는지 고민해봐야 한다. 그래서 매달 월 400만 원의 순수익을 내는 법을 발견했다면 이미 당신은 성공자다.

나는 경락잔금대출을 많이 해주는데 최근에는 대기업에 근무하는 30대가 부천과 인천에 전용면적 27~38m^2의 주거용 오피스텔을 낙찰받는 것을 봤다. 그는 감정가 135,000,000원의 부동산을 103,000,000원 선에서 경매로 낙찰받아 월 600,000원의 임대료를 받았다. 이분에게 경락잔금대출 84,000,000원을 연 3.8%로 대출해줬는데 실 투자금은 2,500만 원이었다. 연 수입 7,200,000원-3,192,000원 대출금 이자를 제하면 4,008,000원의 연 임대료(월 334,000원)를 받는다. 그는 이런 물건을 또 2건 소유하고, 다른 경매로 입찰을 준비하고 있다. 이렇게 하면 샐러리맨도 현직에 있는 수입과 비슷한 수익을 얻고, 은퇴 후에도 아무 걱정 없는 노년을 맞이하게 된다. 그리고 일정한 투자 자금이 쌓이면 금융기관의 정기예금 이자 10배 이상 수익 비법이 있다. 월급 2배 이상 수익 창출법을 배워 투자하면 된다.

돈 되는 NPL 투자 그리고 경매 투자법은 얼마나 열정적으로 실천하느냐에 따라 결과가 나온다. 살다 보면 노력하지 않아도 얻어지는 일이 있을 수 있다. 그러나 곧 진심을 다해 열정을 갖고 지속적으로 노력해야만 얻을 수 있다는 것을 알게 된다.

긍정과 희망 그리고 열정이 있다면 원하는 무엇이든 얻을 수 있게 될 것이다. 부정 대신에 긍정을, 절망 대신에 희망을 갖고 신(神)의 재테크에 한발 다가서길 소망한다. 책에서 다루지 못한 더 많은 자료와 칼럼은 카페(http://cafe.daum.net/happy-banker)에서 확인하길 바란다.

신(神)의 재테크 GPL 아파트 담보대출로
매일매일 돈 벌어주는 남자

제1판 1쇄 2022년 6월 30일

지은이 이상준
펴낸이 서정희 **펴낸곳** 매경출판(주)
기획제작 (주)두드림미디어
책임편집 배성분 **디자인** 디자인 뜰채 apexmino@hanmail.net
마케팅 김익겸, 장하라

매경출판(주)
등 록 2003년 4월 24일(No. 2-3759)
주 소 (04557) 서울시 중구 충무로 2(필동 1가) 매일경제 별관 2층 매경출판(주)
홈페이지 www.mkbook.co.kr
전 화 02)333-3577
이메일 dodreamedia@naver.com(원고 투고 및 출판 관련 문의)
인쇄·제본 (주)M-print 031)8071-0961
ISBN 979-11-6484-422-7 (03320)

부동산 도서 목록

신방수 세무사의
부동산 증여에
관한 **모든 것**

부자 경매의 시작
알기 쉬운
기초 경매
볼 줄 알고
읽을 줄만 알면
경매는 한다

신방수 세무사의
2022
확 바뀐
부동산 세금
완전 분석

라켈과 함께 공부하는
셀프 경매
바이블

실전 사례로 풀어보는
상가 셀프
경매의 정석

닥치고 현장!
부동산에
미치다

똘똘하게 도전하는
빌라
투자
방정식

DEVELOPER
부동산 투자의 제4단계
디벨로퍼
경매

부동산 슈퍼리치들의
투자 비밀

월세
보증금으로
부동산 산다
반값 생활 경매 솔루션

신방수 세무사의
1인
부동산
법인
하려면 제대로
운영하라!

대박나는 부동산 중개
핵심
공인중개사
실무 교육

부동산
경매·공매
특수물건
투자 비법

거지였던 나는
상가 투자로
32억
건물주가 되었다

공매 투자,
지금이 기회다

직장인도 따라 할 수 있는
별장펜션 창업

한 권으로 끝내는
토지 투자 성공식

임장의 여왕이
알려주는
부동산 투자 전략

'**발칙한 발상**'이
부동산 성공 투자를
부른다
토지 상가의 성공 투자법

미니
재개발·재건축의
모든 것

2일 만에 월세 200만 원 받는
월세 부자 레시피
이제 당신도 부자되기 될 수 있다!

직장인들도 쉽게 따라할 수 있는
新 부동산 공매 가이드북
실전편

양도·증여·상속의 모든 것
기막힌
부동산 절세의 비밀
생각 속의 세금 상식을 담은 절세 필독서

경매·낙찰, 투자자의 자산가치 등 알려야 하는
부동산 매매임대사업자 세무 가이드북
Real estate Business Tax Guide Book
실전편

나는 부동산 투자로 파산자에서 100억 부자가 되었다

경매하기 싫은 경매 투자자들의 신세계
지분경매, 공유지분, 독점경매
남들과 경쟁하기 싫고, 혼자 전부 독식하고 싶다!

대한민국 1%만 알고 투자하는
신"의 재테크 GPL 투자의 기적
은행 금리보다 10배 이상 고수익 가능한 재테크의 발견

입찰에서 취득까지, 배당에서 명도까지
부동산 경매의 모든 것
이것이 진짜 성공 경매다

부동산 전문 며느리로서의 매매의 실전법
결혼은 선택이지만
부동산 투자는 필수다

수익형 부동산 건축과 재테크 투자 비법
헌집 살래 새집 살래
건축을 알면 집과 부동산이 한눈에 보인다!

부자 되는 주택 임대사업
이제 대세는 수익형 부동산이다 평생 돈 걱정 없이 사는 월세 부자 되기

돈 버는 공인중개사는 따로 있다…

부동산 정책 분석
시장을 이기는 정책은 없다
부동산 정책을 알면 시장이 보인다!

전세가를 알면 부동산 투자가 보인다

서울시 공정경제과 주무관이 알려주는
부동산 거래와 판 례

스타들의 부동산 재테크
스타가 좋아하는 부동산은 따로 있다?

지분 경매로 토지 개발업자 되기

부동산 재테크
역세권이 답이다

세무사 3인이 알려주는
세무조사 대비의 모든 것

향후 5년 부동산 정책 핵심 공략
문재인 시대 부동산 트렌드

주택 연출가
무조건 따라하기

키를 한 칼으로
초대형 오피스 주인 되기
리츠
얼리어답터

신의 한 수
금맥
경매

주택
아파트
세무 가이드북
실전편

권리분석
완전정복으로
10년 안에
10억 벌기

대한민국을
움직이는
땅 투자 법칙 100

땅투자
10단계 절대불변의 법칙

돈의 보감
평범한 샐러리맨, 투잡 경매로
5년에 10억 벌다

나는 갭 투자로
300채 집주인이
되었다

토지
세무
가이드북
실전편

新 상가
투자
보물
찾기

상가
세무
가이드북
실전편

NPL
가격 산정의 비밀

응답하라!
위기의
부동산

나는
토지 경매로
금맥을 캔다

토지보상경매
실전활용

세무조사
실무
가이드북
실전편

야생화의
기초 경매

자산을
블링블링 키우는
포인트 경매

국토도시계획을 알아야
부동산 투자가 보인다